"KAPPA GA NOZOITA NIPON" by SENOH Kappa
Copyright © 1997 by SENOH Kappa
All Rights Reserved.
First original Japanese edition published by SHINCHOSHA, Tokyo, Japan 1997. Chinese (in simplified character only) soft-cover translation rights in China reserved by Shenghuo-Dushu-Xinzhi Joint Publishing Company under the license granted by SENOH Kappa arranged with SHINCHOSHA, Tokyo, Japan, through Hui-Tong Copyright Agency, Japan

窥视
日本

●

妹尾河童／著

陶振孝／译

目录

京都地铁工程 …… 4

桦户集治监狱 …… 15

在盲人长谷川清的身边 …… 32

导盲机器人和盲文印刷 …… 44

搬山节 …… 57

建议你去法庭旁听 …… 68

钥匙和锁 …… 79

皇居探秘 …… 94

停运的东方快车 …… 110

刺青与文身 …… 125

电视广告制作的背后 …… 141

红帐篷和黑帐篷 …… 154

刑务所 …… 168

京都地铁工程

卍

凡是看过《费里尼的罗马》[①]这部电影的人，都会记得这样一个场面，修地铁挖隧道，挖出了古代的遗址遗迹——精美绝伦的壁画。然而这些壁画一接触到空气便一点点褪色，瞬间消失得毫无踪迹。这是个多么令人瞠目结舌的场面，同时给现代文明敲响了警钟。

我非常想参观京都地铁工程，一是因为听人说"在京都不论挖哪儿，肯定都会挖掘出遗址遗迹来"。二是前边所说的电影镜头总是在我的脑海中重叠出现，令我感到神秘莫测！

我常想钻进地铁工地看个究竟，但是，地面上盖着厚厚的钢板，也不让你看地下在干什么。偶尔从工地的缝隙中看到作

[①] 费里尼（1920— ）：意大利著名导演。其作品有《路》《卡比利亚之夜》《甜蜜的生活》《8又1/2》等。

京都地铁工程

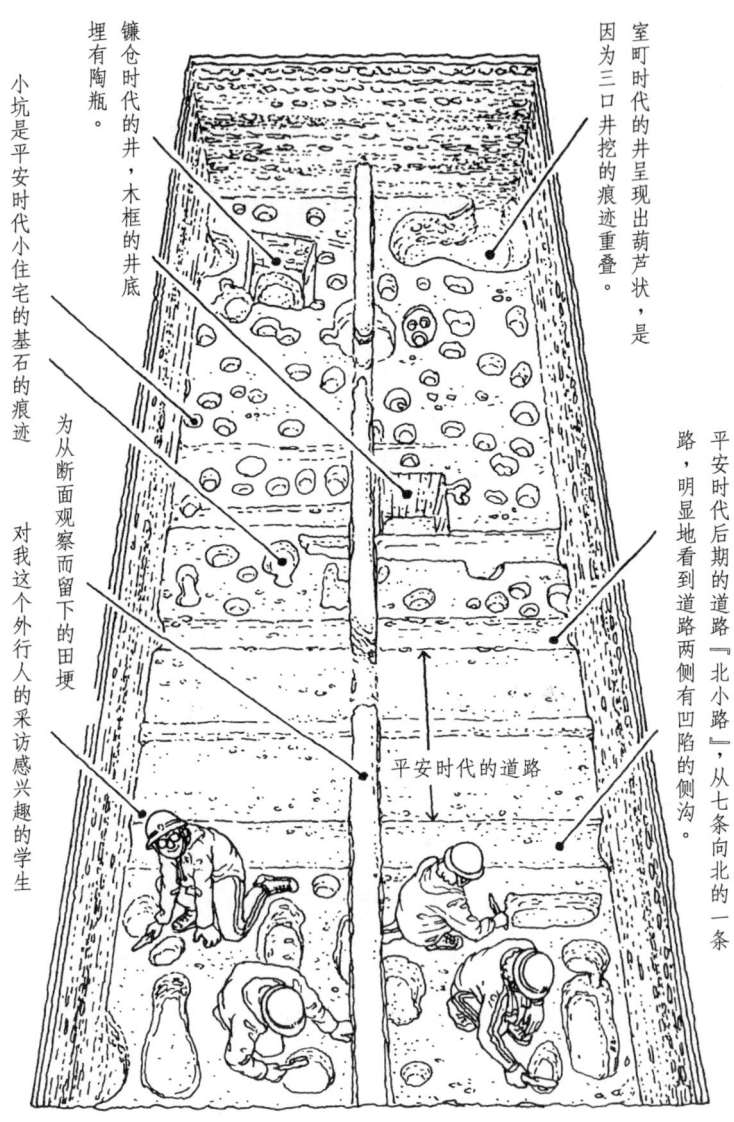

室町时代的井呈现出葫芦状，是因为三口井挖的痕迹重叠。

镰仓时代的井，木框的井底埋有陶瓶。

小坑是平安时代小住宅的基石的痕迹

为从断面观察而留下的田埂

平安时代的道路

平安时代后期的道路「北小路」，从七条向北的一条路，明显地看到道路两侧有凹陷的侧沟。

对我这个外行人的采访感兴趣的学生

　　这是在东本愿寺前开的调查沟，宽 5 米、长 20 米的试挖沟。这里地层不乱，通过调查弄清了各个时代。

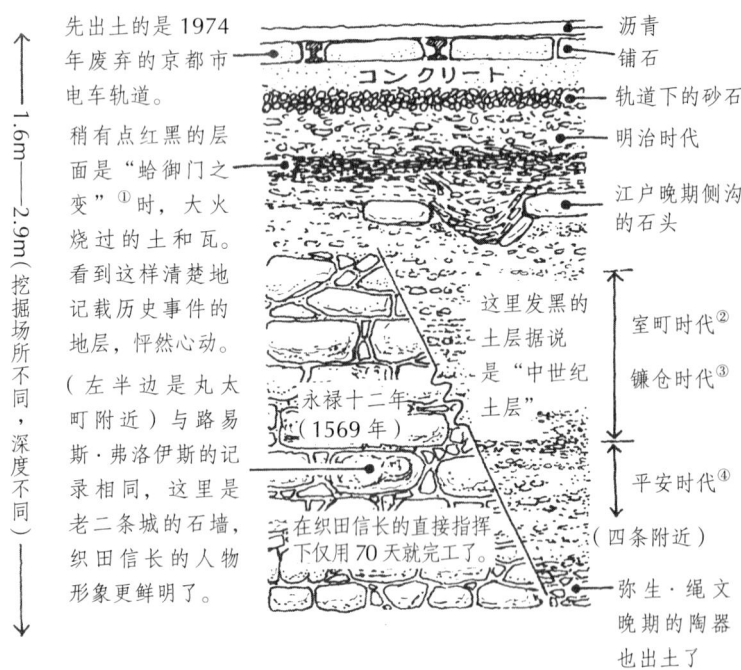

注：①蛤御门之变：又称"禁门之变"，发生在1864年。当时，长州藩士与守卫皇宫的萨摩藩士发生了激战，结果长州藩士败北。
②室町时代（1336—1573）由足利氏执政。
③镰仓时代（1185—1333）150年间源赖朝执政，后被北条氏灭掉。
④平安时代（794—1185）400年间前期以天皇为中心的政治，中期由藤原氏摄政，后期院政开始，武士阶级兴起。

业灯光闪动，使我好奇心倍增。有一次我从缝隙窥视地下，惹得警察大动肝火，因为当时我正蹲在红绿灯变换的车水马龙的十字路口中间……

这回我可要仔细看看，正式向京都交通局递交采访两天的

挖掘遗址遗迹时出土的各种文物

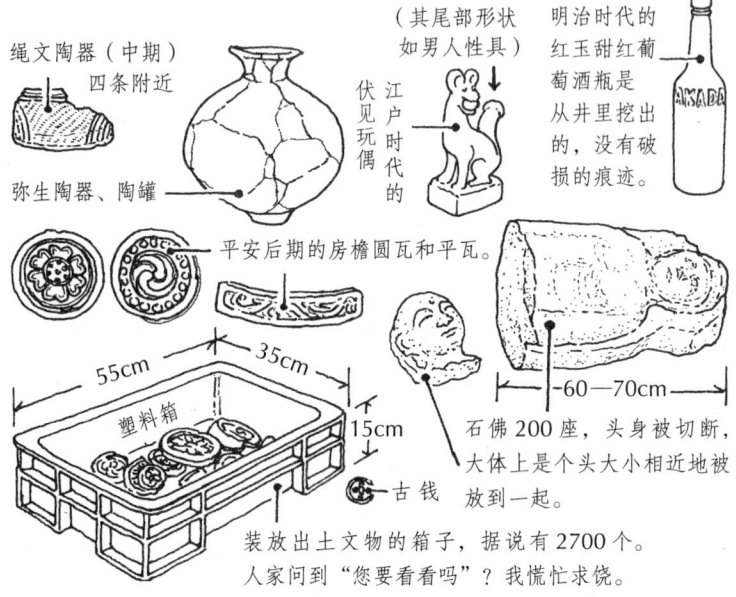

申请。实地看了一番，和《费里尼的罗马》电影中的描绘大相径庭。西方的建筑都是石头垒筑的，即使公元前的遗址都能保留完好；而日本建筑都是木结构，大多都化为泥土，不留痕迹，所留下的只是木柱下的垫脚石。即使如此，小心仔细地观察还是会发现地层的变化的。据说就是那么微不足道的一点点变化也能成为寻找珍贵资料的线索。

正因为如此，京都不是随便可以挖的。要挖必须得到政府的许可，比如你要重建房屋，事前必须进行遗迹调查，而且房主还有义务支付这笔调查费。也就是说，今天的京都是建立在各个时代的遗址遗迹之上的,由此可见保护遗产那可是相当麻烦的事啊!

京都地铁工程首先从挖掘遗迹调查开始。先在路面划出一个长方形,然后剥开地表,边挖边调查,每次挖掘三四厘米厚。也就是所谓的露天挖掘。

这种遗址调查和在田地里、山野里的挖掘截然不同,相当劳心费神。把南北走向的乌丸大道的街中心的路面挖了75处。市政为解决交通堵塞,在处理挖出土砂的问题上大伤脑筋。学者中也有人对挖掘调查提出了质疑:"……在挖掘技术水平不够的时候还是不挖的好,我们有责任把文化遗产的原貌留给后世。如果这次修地铁所进行的挖掘是出于无奈的话,至少也要多花点时间仔细调查。只调查工程面积的8%,那实在太少了。"批评的意见十分尖锐。

施工方说"已经达到了极限,不能再牺牲市民的生活了"。人们要生活得舒适一点,就会到处遇上文明本身所带来的原罪的碰撞。如果这项工程逃脱不了这样的指责的话,至少要借此机会进行最大程度的解释,并且不拘泥于学术的领域。总之,是要让我们这样的外行人也弄个明白。

比如"老二条城"的石墙,由于这次挖掘首次显露原形,对此大肆报道不为过也。只靠文献记载得知以前织田信长[①]建

---

① 织田信长(1534—1582):日本战国末期的武将。统一了近畿地方,是革新派政治家。

造的老二条城，实际状况如何没人能说得清楚，只是一张白纸上的"梦幻之城"。

当时，葡萄牙人路易斯·弗洛伊斯[①]以传教士身份来到日本，他曾面见过织田信长，后来将当时的情况以书信形式向本国汇报，信中对建造老二条城有过精彩描述："平时有25000人参加修建，最少的时候也有15000人施工。织田信长亲自持杖指挥。为了缩短工期、补充施工不足的石材，从各地的寺庙和府邸征集了石佛和石头祭坛来做建筑石材，有些大的石佛要先敲碎，然后再用绳子捆上拖到工地。这些信心十足的京都人让我战栗。"

在这里，织田信长被刻画为一个始终坚持合理主义的无神论者。此事的真假以及老二条城的确切位置，长期以来一直是个谜。然而通过此次地铁工程遗迹调查，这些事一下子被弄得一清二楚。新发现的老二条城城址与推测的地点距离甚远。更为意味深长的是，从五个挖掘的场所挖出了用来筑石墙的两百多座石佛。路易斯·弗洛伊斯的记载果然不假。其他追溯到绳文·弥生时代等各个时代的出土文物也都是沉默的历史证物，同样动人心弦。

另一个盼望已久的是到现场参观。我戴上安全帽下降到地下后，立即感到与之前从缝隙中窥视后想象的情形大不

[①] 路易斯·弗洛伊斯（1532—1597）：葡萄牙耶稣会传教士，1563年到日本传教。

一样。各个工区的工程进度差别较大，要是没有人给你解释，你根本搞不懂你是在什么工区，正在进行什么作业。更何况地下水涌出，泥泞不堪，脚下溜滑，几次险些摔倒，要不就是上方撞头。向导一个劲地问："您没事吧？"另外，我又"那是什么'为什么'"地问个不停，让解说者大伤脑筋。对我这样的外行人不能用行话术语，解释起来可让他们费力不少。

京都首期地铁乌丸线在地铁中属于短的，从有老乌丸车库的北大路站到京都站，南北长17公里。好像以后要延长到南竹田。这条地铁计划始于1970年，后来在市议会上通过，直到最近才施工。在此期间有人提出"遗迹调查问题耗资巨大""作为经营的铁路真能收回成本吗"等问题，市政当局的人被问得面带难色，感到困难重重。"我为没有得到全体市民的一致同意而深感担心。然而到1980年建成地铁时，路面交通状况将比现在还混乱。我们正在努力，我相信到全部通车那天，大家一定会拍手称快的。"

施工的方法几乎都是采取"明挖法"，即从路面向下挖掘的施工法，此法与只在地下挖隧道相比，经济而且工期更短。通过鸭川河底下的地方采用沉底法，阪急线的交叉点用托底法，各种施工方法并用。东海道线的16条线和1条新干线一分钟也不能停，似乎难度很大，但是解决得很好，施工方还骄傲地说"像这种规模的地铁又不是头次搞"。其次比较费力的

京都地铁工程

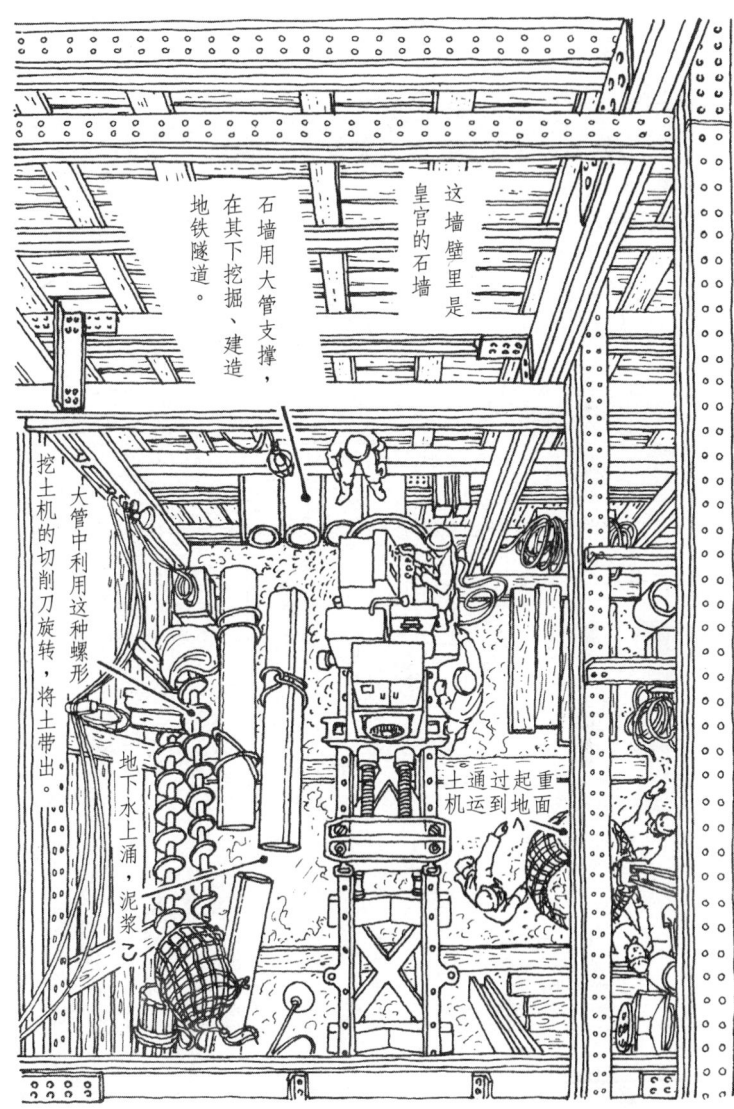

据说京都皇宫的一草一石都不能动，可是地铁无论如何要从皇宫石墙下通过，于是这里采取了非常费事的钢管护顶法进行施工。

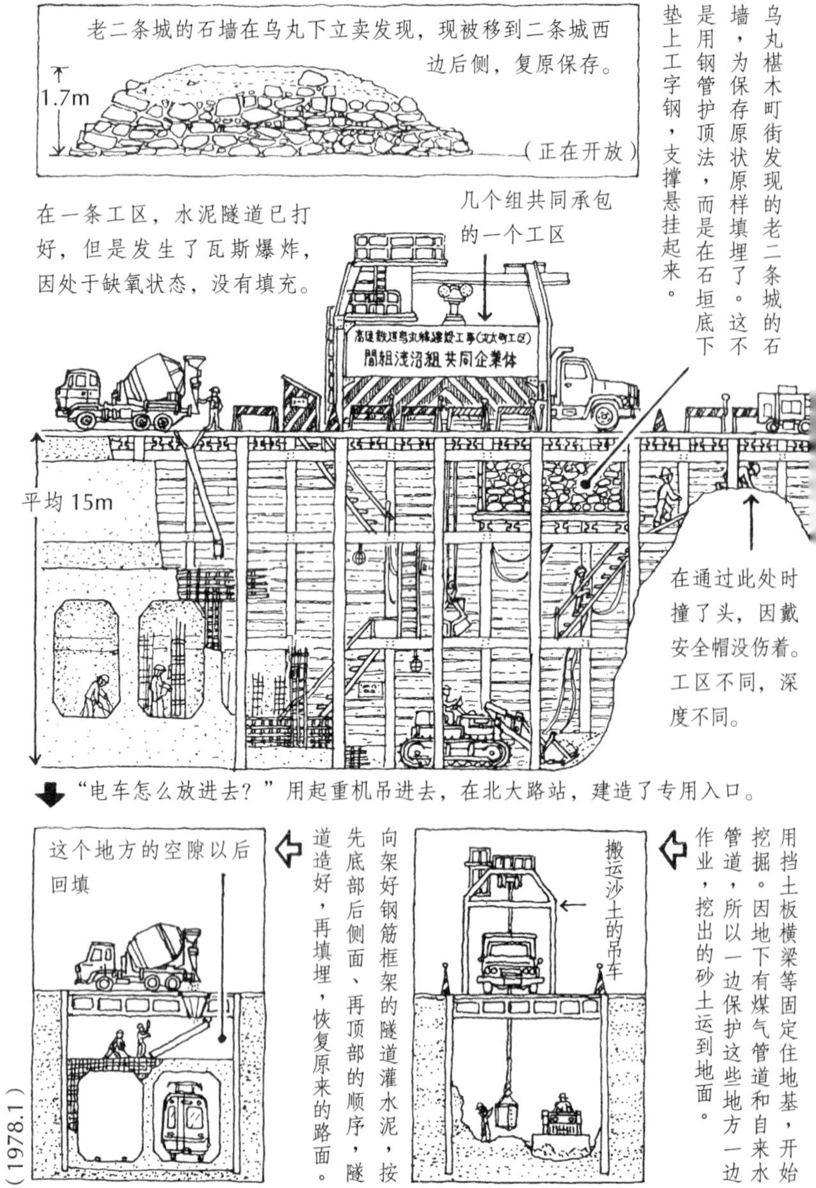

老二条城的石墙在乌丸下立卖发现，现被移到二条城西边后侧，复原保存。

↕ 1.7m

（正在开放）

乌丸椹木町街发现的老二条城的石墙，为保存原状原样填埋。这不是用钢管护顶法，而是在石垣底下垫上工字钢，支撑悬挂起来。

在一条工区，水泥隧道已打好，但是发生了瓦斯爆炸，因处于缺氧状态，没有填充。

几个组共同承包的一个工区

平均15m

在通过此处时撞了头，因戴安全帽没伤着。工区不同，深度不同。

"电车怎么放进去？"用起重机吊进去，在北大路站，建造了专用入口。

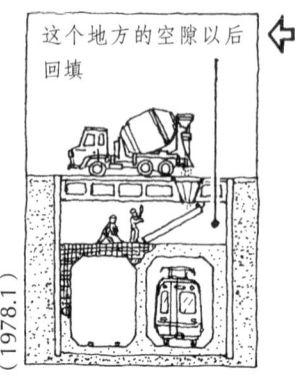

这个地方的空隙以后回填

（1978.1）

向架好钢筋框架的隧道灌水泥，按先底部后侧面、再顶部的顺序，隧道造好，再填埋，恢复原来的路面。

搬运沙土的吊车

用挡土板横梁等固定住地基，开始挖掘。因地下有煤气管道和自来水管道，所以一边保护这些地方一边作业，挖出的砂土运到地面。

京都地铁工程 | 13

地铁工程 现场断面图

我想大概全线的工程都一样,其实不然。工程被划分为17个工区,各个工区的进度差别很大。有已经完工的,还有刚开始埋钢材的,千差万别,哪个地铁施工都这样,深入各个工区一看,总算明白了工程的各个阶段。这里我把搞清楚的断面图描绘出来,顺序从右至左进行,实际上比图上还要复杂烦琐。横着的尺码应该更大些,是为了能收入这页之内缩短画的,但是大体上是这么个感觉。

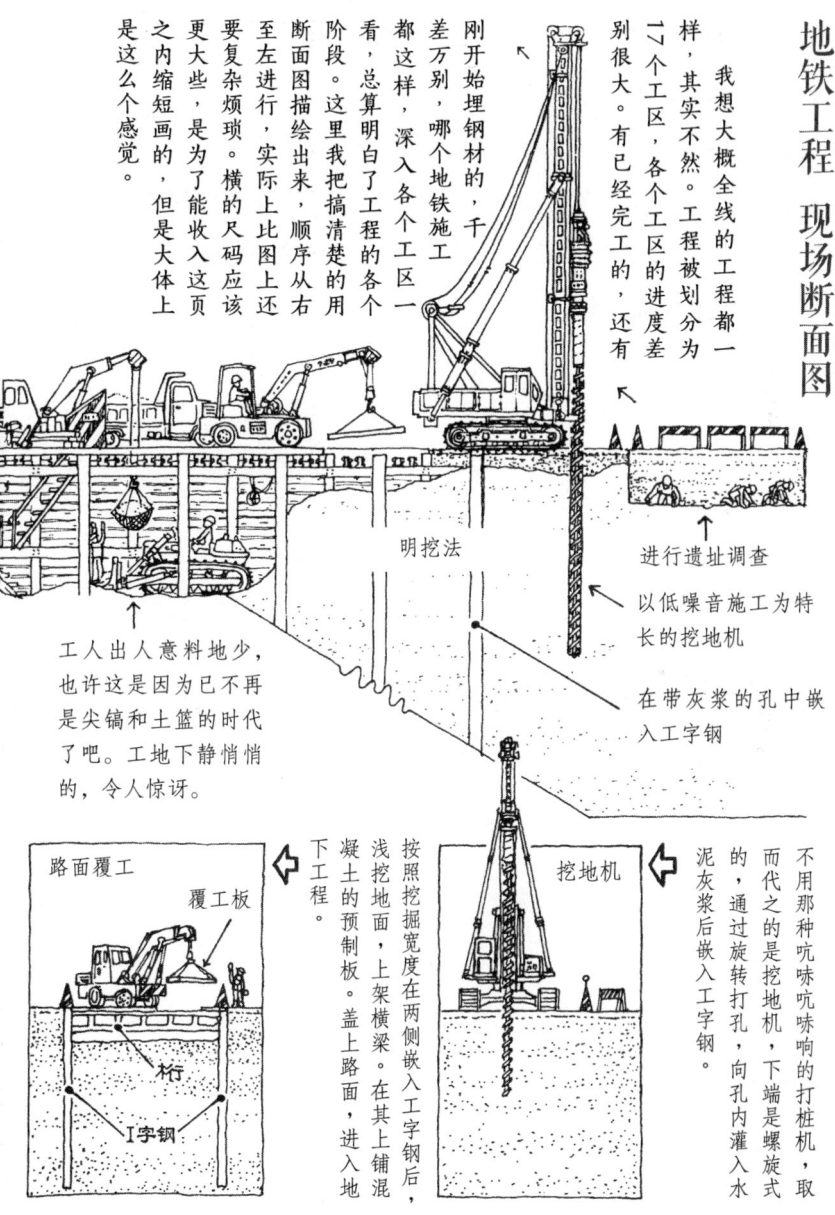

明挖法

进行遗址调查

以低噪音施工为特长的挖地机

在带灰浆的孔中嵌入工字钢

工人出人意料地少,也许这是因为已不再是尖镐和土篮的时代了吧。工地下静悄悄的,令人惊讶。

路面覆工
覆工板
桁
I字钢

挖地机

按照挖掘宽度在两侧嵌入工字钢后,浅挖地面,上架横梁。盖上路面,进入地下工程。

不用那种吭哧吭哧响的打桩机,取而代之的是挖地机,下端是螺旋式的,通过旋转打孔,向孔内灌入水泥灰浆后嵌入工字钢。

是四条街和阪急线的交叉处。阪急线在地上跑,而这条线要从其底下通过,据说深挖了20米。

这条地铁正因为新,所以加进了一些全新的人文关怀。特别在老人和孩子安全乘降方面动了脑筋,采用了宽幅电梯和滚梯。其中各主要车站都安装了可载残疾人用轮椅的专用电梯,以前则是利用运货电梯。

桦户集治监狱

沿着北海道的石狩川溯流而上,在上游有个小镇,叫"月形"。这里有明治时代的监狱——"桦户集治监狱"。自从我知道此事后,一直想去访问,听说如今还保存着当时的一部分房屋,而且其中还展示、保存着相当多的珍贵资料,那就更想一睹为快了。

北海道共有五座监狱,都是明治十四年至明治二十四年间建造的。这个月形的桦户集治监狱是作为当时第一个据点建立的(后来其中的四座废除,剩下的"网走分监"变为现在的"网走刑务所")。

十年里在北海道匆匆忙忙建造了五座监狱,是因为明治维新后日本各地掀起了批判明治新政府的抗议斗争,被捕者剧增。当时逮捕了四万三千多"反政府、企图革命的贼人"。

政府出于收容这些政治犯的迫切需要,急需建造监狱,于是考虑从阿依努族人手里夺过土地进行开垦,当务之急是尽快将北海道开辟为他们的新领地。同时考虑如果投入大量的人力资源会得不偿失,不如把这些惹麻烦的政治犯遣送至北海道,这是个两全其美的绝好方案。

明治十三年(1880年)4月,北海道第一代典狱长(相当于今天的监狱长)月形洁接到伊藤博文"在北海道创建集治监狱"的命令,调查了三块地,最后选中了石狩川上游的"斯派普特",这是阿依努语里的一个词,在阿依努语里"斯派"是干流,"普特"是合流,"斯派普特"就是石狩川和须部都川的汇合点之意。

明治十四年(1881年)9月在斯派普特建成月形村。月形这个地名,是以月形洁的姓而命名的,在此开设了桦户集治监狱。

这个狱舍是由东京遣送来的囚徒们(现在叫服刑者)建造的。当时相当艰苦,后来在修建所谓的"囚徒之路"时,很多人失去了生命。在第一年,因过于艰苦的劳作,372人中死了35人,其中有两个人因企图逃跑被砍了头。

月形村的周围湿地多,常年被浓雾笼罩,有时几十天见不着太阳。冬天来得早,11月就开始下雪,积雪厚达两米。春天冰雪消融,石狩川漫溢,淹没整个宽广的地域。更何况这一带还有白天都显得阴森森的繁茂的树林。一句话,根本不是人住的地方。阿依努族人也只有在狩猎和捕鱼时才来,平时根本不

桦户集治监狱

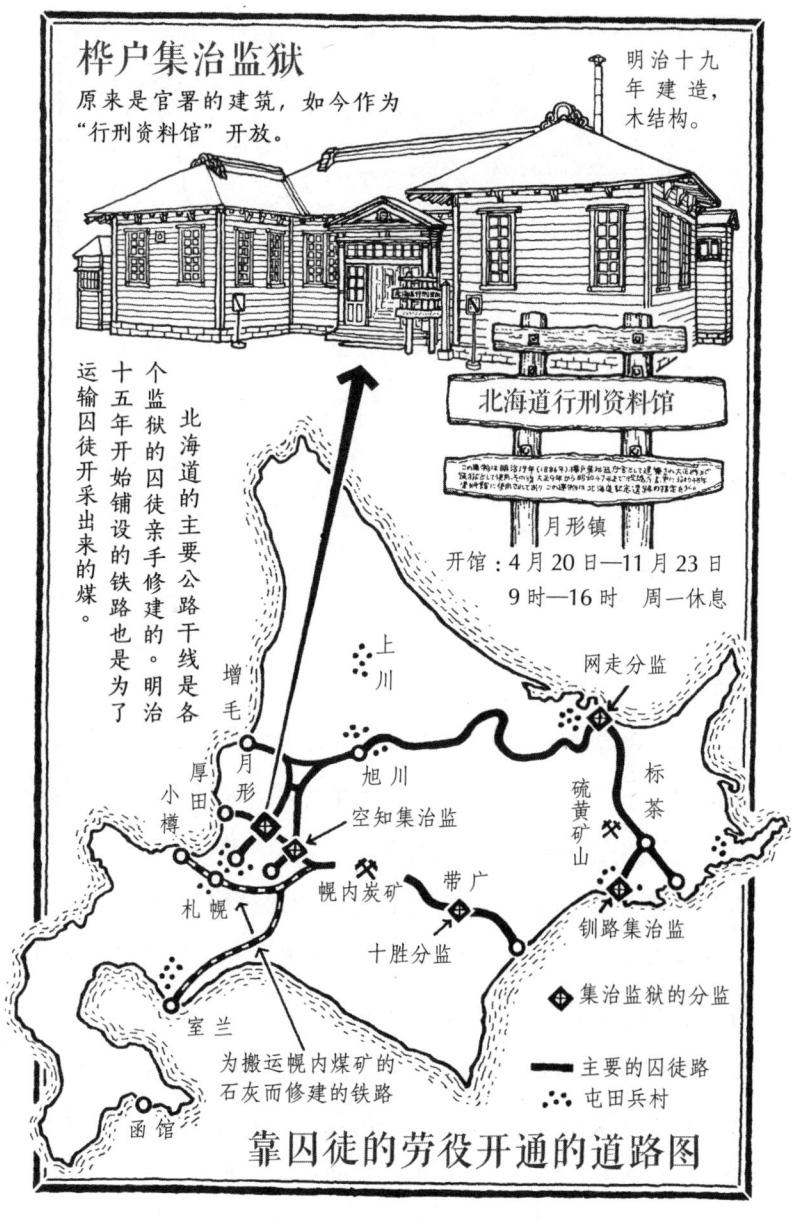

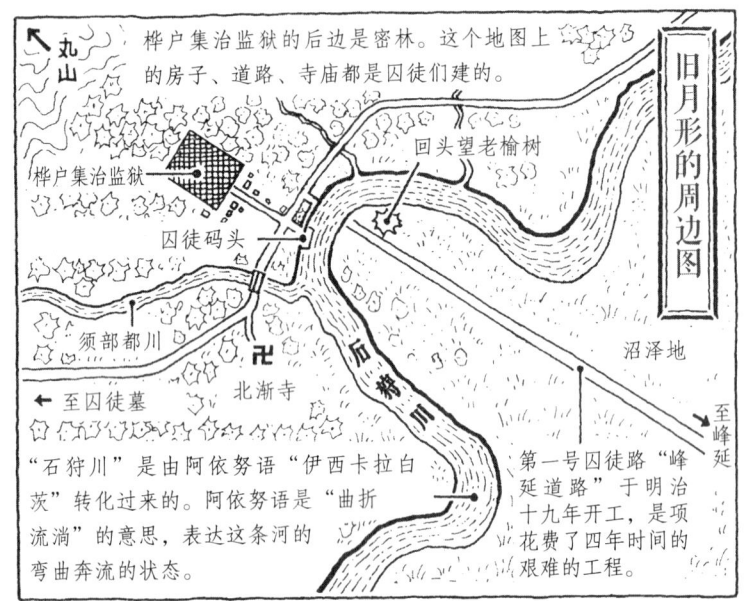

会踏足这片土地。

为什么选这样的地方建造监狱？月形洁在其报告书里举出三条理由："第一，平坦开阔，土壤肥沃，适于开垦为农田。第二，能够充分利用石狩川的水路。第三，前面为河，后面是山，树林密布，远离人烟，可以防止囚徒逃跑。"事实上他的判断基本正确。然而，"适于开垦为农田"这一条与现实之间有着很大的差距，这个差距是靠囚徒严苛的劳役弥补的。

在政府首脑的头脑中，"对犯上作乱、批评政府和穷凶极恶的罪犯施以相应的痛苦劳役"的观念占统治地位，并且影响到每个具体的执法者。人们能看到的只有"严惩主义"。但是，在当时的"监狱规则"第一页的序言中却是这样记载的：

> 监狱即禁锢罪人，并以此给予惩戒之所。监狱应成为仁爱之所，而非虐待人之处；是惩戒人之所，而非令人痛苦之处。

首先，执法者压根儿就没有遵守法律中写明的基本精神。那么为什么会制定这样的法律条文呢？当时明治政府一心想让外国承认日本是现代国家，千方百计想废除安政元年（1854年）缔结的"不平等条约"。如果说紧急建造的鹿鸣馆大搞西洋式舞会，是为达到其目的的举措之一，那么把监狱规则制定为合乎欧美的标准就是举措之二，装模作样地在字面上模仿欧美的"人权思想"，大做表面文章。这个监狱规则就是为了向欧洲各国宣传而制定的。

因此表象和实质之间有着天壤之别，在日本国内实际上完全无视法律意义上的人权精神。

根据记录，囚徒在严冬大雪中干活时，监狱方面连袜子都不提供。内务省监狱局长石井邦猷说"应该摒弃'让他们穿袜子'的温情主义"。

桦户集治监狱建成已近百年。我要亲身考察历史中隐藏的事实，于是想在积雪两米厚的严冬季节前往访问。然而月形镇政府的回答是"从11月到第二年4月下旬，行刑资料馆闭馆。那个时候都埋在大雪中，白皑皑一片，你来了什么也看不见。

如果你要调查的话，还是夏天来为好"。

说到夏天去北海道，有点令人难为情，好像要以采访为借口，行避暑旅行之实似的。说来也有点怪，今年来了个30年没有过的酷暑，在北海道和在东京一样浑身臭汗，这反倒让我心安理得地进行了采访。

熊谷正吉接待了我，他是月形镇政府总务科规划宣传主干，也是把前政府留存下来的"原集治监狱官署"改为北海道行刑资料馆的人。现在他仍然继续收集资料。我问他："这个镇立的资料馆是什么时候建的？"熊谷这样解释说："提到北海道开拓史，一般先介绍的是屯边和垦荒。实际上很少有人知道，在此之前，集治监狱的服刑者已经在开垦原野、修筑道路，这是历史事实。但是，观察角度不同，它的历史地位也随之改变。历史每每把这些所谓不合时宜的部分遮盖起来。这个月形镇完全是由集治监狱的服刑者建造的。为此，居住在这块土地上的人有责任使服刑者的痛苦和业绩不致被不公平的历史所埋藏，故根据镇上全体人民的意见建造了这座行刑资料馆。"

我先参观资料馆，当看到摆在面前的集治监狱的历史记录、资料及惩罚用的刑具等时，我震惊不已。囚徒们从内地被带到这里，肯定很难忍受严寒。更何况牢房也不生火，不少服刑者因冻疮和皲裂，皮破流脓，痛苦万分。而且获释无望，每日艰苦劳作，疲惫不堪，逃跑、抵抗者都被当场斩首。

实际上最初的几年，牢房里既没有草垫，也没有暖气，可以说连一点人的气息都没有。天棚上挂着冰柱,寒冷可想而知。患病者陆续出现,有的人就冻死在牢房里。集治监狱的病死者几乎都是因"心脏麻痹"而死。

当时的当权者牢牢地继承了江户时代对待囚犯应严惩的观念和残酷的做法。这样一来,集治监狱囚徒的境遇则更是雪上加霜了。集治监狱里都关些什么人?服刑人员名册默默地述说了当时的情况。继反政府的"佐贺之乱(明治七年)"①"神风连之乱"②"萩之乱(明治七年)"③"西南之役(明治十年)"④之后,明治十七年,在秩父、名古屋、加波山、静冈等地爆发了"自由民权运动"⑤。在这一系列事件中被逮捕的人,和其他重刑犯一起都被送到这里。

桦户集治监狱建成后一年,在离月形20公里的地方,建起了"空知集治监狱"。又过了三年,即明治十八年,"钏路集治监狱"建立,明治二十四年"网走监狱"也相继建立起来了。

很早以前,政府把开发矿山作为开发北海道的重要事业,着手采煤等开矿工作,他们认为,与其雇用一般的矿工,不如

---

① "佐贺之乱",指1874年江藤、新平等佐贺的士族反抗明治政府的事件。
② "神风连之乱",指1876年对明治政府不满的旧熊本士族发动的暴乱。
③ "萩之乱",指1876年,在山口县的萩发生的士族暴乱。
④ "西南之役",指1877年征韩失败之后,以西乡隆盛为首的萨摩藩士族的暴乱。
⑤ "自由民权运动",明治前期反对藩阀专制的政治运动。

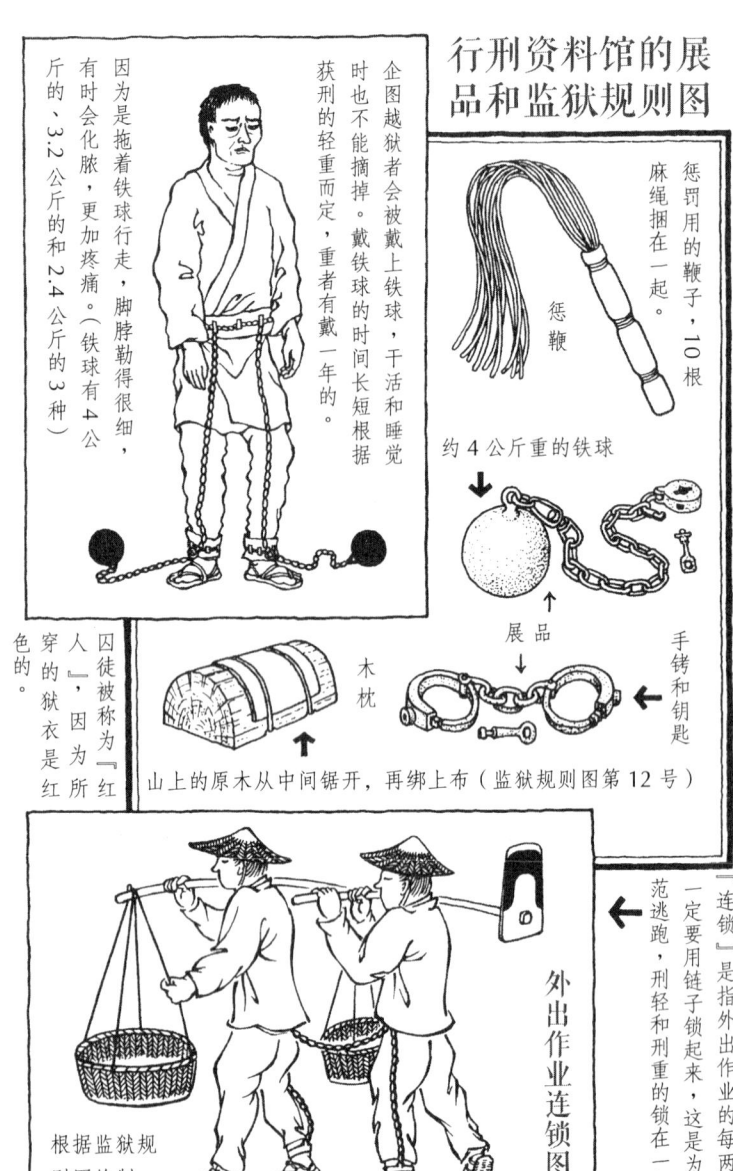

让囚犯们来承担这类劳役。

空知集治监狱就设在有幌内煤矿的市来知村。囚徒一到，马上令其采煤。其结果是，半年间就开采出相当于前一年普通矿工采煤量的五倍，四年后采煤量竟达到14倍，让人难以置信。

这种产量猛增的状况，很明显是不正常的。《北海道行刑史》一书中是这样记载的："政府下达的'提高效率，加快开发速度'的至高无上的命令，当然要落实到被残酷使用的囚徒身上。坑道里发生瓦斯爆炸的情况日趋严重，妨碍了开采的快速进行，于是，就有必要预测有没有可燃的瓦斯。测试的办法是，把囚徒捆起来放到井下试探，如果吊下去的囚徒身体不动了，就判断为有瓦斯，接着再去试探别的井口。"

明治二十六年（1893年），冈田朝太郎博士视察了幌内煤矿，对劳役的悲惨情形大为震惊，他认为"如同地狱般的劳役超过了惩罚的限度，是'死亡产业'"，并向政府提交了强烈要求改善这种状况的报告。在他的详细报告中还有这样的描述："被锁链锁在一起的囚犯要在坑道里工作12小时，因事故丧失手脚成为残废的达206人，失明的50人，这些人也还要下坑道继续干活。"

空知集治监狱大约十年里死了941人。另一方面，钏路集治监狱也为迹佐登硫黄矿提供劳力。据《标茶史考》记载：开采近半年，300人中有45人患病，42人死亡。再加上营养失调，看守和囚徒因硫黄粉和二氧化硫接二连三地失明，真是死缓的执行。

这种硫黄矿原来是民营的，经营者是安田财阀的祖辈安田善次郎。涩泽荣一、安田善次郎、岩崎弥太郎和政府中的一派勾结，大发横财。这也反映了长州藩的伊藤博文和萨摩藩的黑田清隆在争权夺利，政府内部存在着激烈的权力斗争。

在"出售官有物的事件"中，黑田清隆倒台，伊藤博文提出改革萨摩藩占据的北海道行政组织。明治十八年（1885年）往北海道派出了视察团。岩村通俊任团长，带领金子坚太郎一行前往。那一年，第一代典狱长月形洁辞职，第二代典狱长由安村治孝就任。政府内的党派之争与囚犯们似乎扯不上关系，但是由于其余波尚在，且直接管理者害怕监狱情况生变，因而比起前任来，第二代典狱长明显更加变本加厉地惩罚囚徒。只能说这些囚徒们运气不佳。

囚徒们还不知道，视察北海道的岩村一行的计划将会使他们陷于更加绝望的大规模的劳役中。岩村令金子坚太郎向政府汇报，在复命书中写道："要加速开发北海道，充实国土。当务之急是开通道路。构成政府负担的一般民工一律不雇用，全都用囚徒来充当，是为上策。"

金子坚太郎于明治四年（1871年）留学美国，就读于哈佛大学，学习法律。他的建议是："美国监狱把囚徒用于劳役，应该把这种方法用于北海道的开发上。"的确，在美国是让服

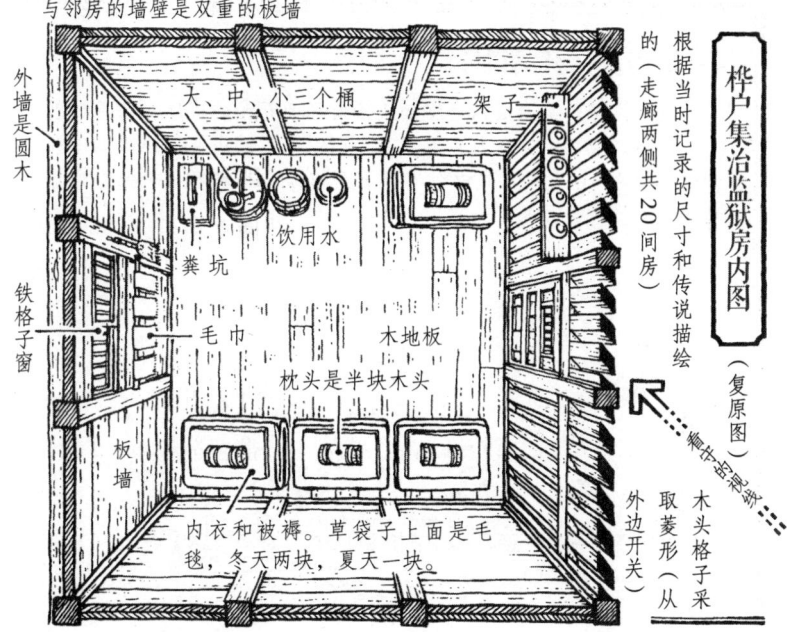

刑者劳动，但是与金子坚太郎所说的劳役的精神根本不同，他们不是以惩罚为目的的苦役。在金子坚太郎留美的 70 年前，教友派就已经提倡"监狱不是为了惩罚人而设立的，而是为了让人自新而设立的"，并且这种提倡有了结果，在费城建立了"华纳特监狱"。在其影响之下，各地出现了尊重人权的新法，监狱的状况大为改观。1816 年诞生的纽约奥班监狱就是其中之一。金子坚太郎留美是 1871 年，而美国在 55 年前已经有了这种尊重人权的思想。

金子坚太郎对此心知肚明，却隐瞒事实。否则，就是他真

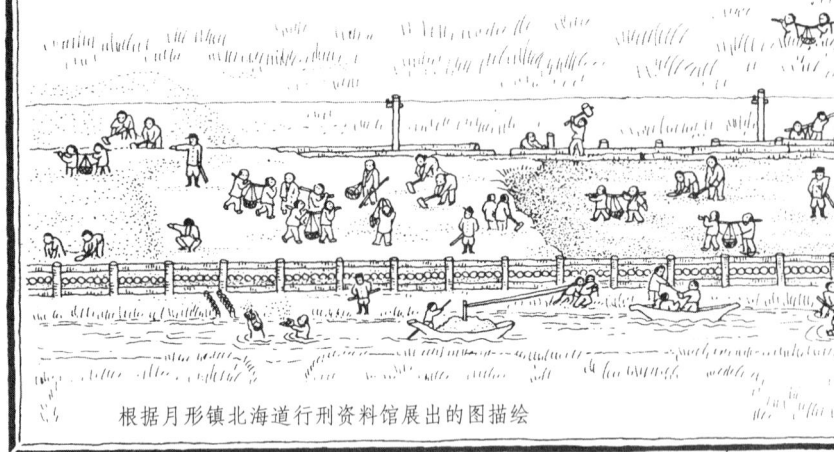

峰延道路开凿图

为连接桦户集治监狱和空知集治监狱而开凿的道路。从月形到空知用标尺画出一条直线。直线开凿时，两端的山上点燃狼烟进行测量。全长16公里，其中一半以上是沼泽地。用竹竿一插，扑哧扑哧地能插进去3米。

根据月形镇北海道行刑资料馆展出的图描绘

的没有学到重要的法学，或者故意忽略。作为法律权威，他竟然向政府提出如下可怕的建议："囚徒原本是暴戾之徒，即使忍受不了苦役而毙命，也与一般民工埋骨山野留下妻儿的惨状不同。像今天这样重罪犯多，容易增加政府的开支。把囚徒用于必要的工程中，即使死亡，监狱支出也会减少。这是不得已的政治策略。"得到这份报告的内务大臣山县有朋欣喜不已，而且说"正合吾意"。他还认为"施加难以忍受的惩罚苦役，

为此使用了特殊的施工方法,先在两侧开沟,挖出排水道。同时又把它作为运材料的水路来使用。从月形运圆木,用小船运砂石和土。工程艰难,在非常软的地方要铺好多层。冬天用马爬犁运木材和砂石继续施工,这条路与中央路的快速施工不同,耗时四年才完工。

让囚徒了解监狱的恐怖,从而斩断再次犯罪的恶念,这才是监狱本来的宗旨"。这一理念以训示的形式发往各个府县,令其遵照执行。伊藤博文也对金子坚太郎的报告非常满意,三条实美与之呼应,也表示赞同。

"靠囚徒的劳役在北海道开通主要干道"的方案在国会上通过,正式作为政府的政策颁布下来。政府的想法是,"因为是囚徒,死了也没关系。人数减少了,可以从内地送新犯人补充，这样可以节约工费"。毫不怀疑，在这种想法支配下的修路几乎等于蛮干。

修第一条路——峰延道路，这曾经被人们认为是在湿地不可能开出的路，但当时下达了"使用囚犯，没有什么完不成的工程"的命令。

在其他地区开路，充满了艰难困苦和很多插曲，特别是连接旭川至网走的中央道路的修建，这是一个通过山丘且全长170公里的大工程，在修筑过程中有大量死亡。死亡的162人中，有两人是因企图逃跑而被杀，有一人因忍受不了艰苦劳动而自杀。

死因多是营养不良加过度劳累，因病死亡人数达1916人。在"年内必须完成"的命令下，从计划到开通只用了八个月，留下了惊人的记录和"死囚之路"的恶名。今天这条路称为"39号国道"。

明治三十年2月1日，在堆着积雪的桦户集治监狱的院子里，全体囚犯整齐列队。站在这些在对此森严感到不安的囚犯面前，第五代典狱长长野又辅以沉重的语调宣布："诚惶诚恐，英照皇太后于1月11日上午6时驾崩，就此宣读大赦令。"这是明治时代第一次恩赦，囚徒们对突如其来的喜讯痛哭流涕。根据大赦令，桦户集治监狱释放了839人，其中也有因参加"自由民权运动"，在"秩夫事件"和"加波山事件"中被捕的人。未被赦免而留下的人，从此知道了天皇家的红白喜事会带来恩赦，于是把期待寄托于在明治天皇驾崩，把下一次颁发大赦令的希望藏在心里。他们在外出做工时、和村里的人擦肩而过时，或是遇见玩耍的小朋友时，会悄悄地问一声："天皇，还很健康吗？"

日俄战争结束的第二年，明治四十一年（1908年），制定了刑法，新的《监狱法》是依据"现在的监狱规则太松了，所以犯罪多"的主张而制定的。"严加惩罚的精神"贯彻始终，不论怎么找，也找不出有关人权的条文。刑更重，罚更酷。

当时的世界正趋向在承认人性、人权思想之上的刑法。所以日本的刑法是时代性的错误，是严重的倒行逆施。我是来到月形镇才无意间窥视到明治四十一年"监狱法"的出台是基于怎样的观念的。

在采访的最后一天，我乘上出租车，奔驰在集治监狱的服刑者们修筑的峰延道路上，现在它已经是柏油路，而且是笔直的无限延伸的路。过去道路两侧的沼泽湿地，如今成了一望无际的稻田，是一派悠闲宁静的田园风光。听说在集治监狱后面的丸山上，服刑者还栽种了杉树。我走上前去，亲眼看见还有600棵树挺拔在那里。因为北海道本来没有杉树，囚徒们亲手栽种，大概是想舒缓自己的思乡之情吧。在丸山山顶上眺望石狩川平原，峰延道路从其中穿过，在盛夏的阳光下宛如一条巨蟒。

下山后来到北渐寺，这是明治四十二年服刑者们在其中的

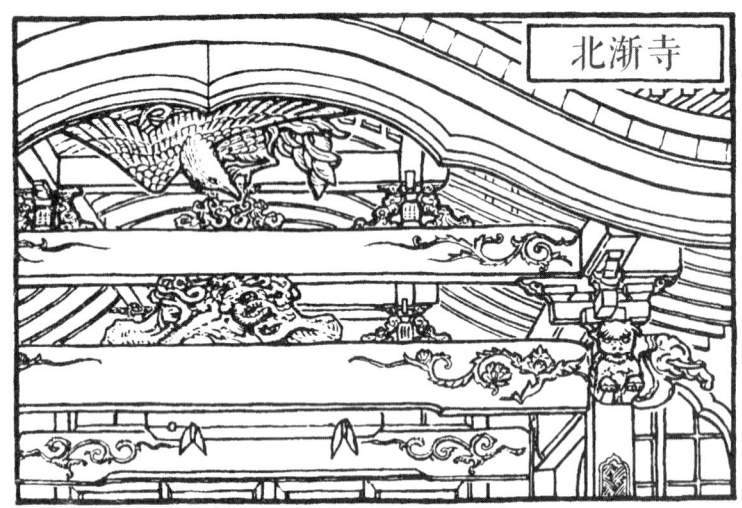

木匠栋梁奥田的指挥下建造的。据说大家都很高兴参加建造，每天有80人干活。这座寺庙比照片看上去更漂亮，尤其是正面入口处的雕刻极为精细。熊谷带我到了集治监狱以西三公里的"囚犯墓地"，这里的青冢被茅草覆盖着。据说到了盂兰盆节，镇上的年轻人会来割草，打扫清理一下。拨开高草，看见了土馒头。熊谷提醒我"要小心，因为是土葬，当心陷下去"。土馒头上插着木头的墓标，整齐地排列在摇曳的草丛中。直到最近，熊谷他们还——对照埋葬簿、死人名册以及收监者名册，以确认那些无名的土馒头，并为之竖立墓标。"不管怎么说，这些人是这个镇的先人，是有功的人。"

从明治十四年到大正八年的39年里，共有1046人埋葬在这里。其中有24人的骨灰被家属移走，这个墓地仍沉睡着

1022个魂灵。然而，集治监狱的历史不会以逝去的明治时代的故事而告终，因为在我们生活的时代里，那部"监狱法"现在仍然作为权威的法律而存在着。没有《六法全书》的人，可以到书店找本读读看。其中的"监狱法"是明治四十二年3月28日制定的。这个法在大正八年，曾因无视人权而遭到质疑，但是如今仍保留其原型。刑务所、拘留所的大楼虽然焕然一新，但只要这部监狱法还在，集治监狱的时代就没有终结；将此与"联合国的被拘禁者待遇的最低标准规则"一比，会更加明了。回来的路上，我在札幌的"百年开拓纪念馆"停留了一下，其中只展出了两三件餐具和一行"道路的开辟是由囚徒们承担的"说明，此外就什么也没有了。

（1978年8月）

在盲人长谷川清的身边

在录音棚的一角,发出像啄木鸟用喙啄物的咯吱咯吱的声音,原来那是长谷川清在膝盖上鼓捣着什么。我走过去问他:"唉?你在干什么?"

"盲文啊。我现在一边听歌,一边扎盲文。你那么盯着看,就扎不好了。哎,教你盲文吧,河童真不简单,什么都想学啊!"

盲文,我还是听说过的,但是对其构造,我却一无所知,更何况我根本没有看过怎么扎盲文。

阿清扎盲文的速度非常快,一般说话的速度,他都能用盲文记录下来。他终于扎完了。我拿起盲文器察看了一下,盲文笔是细长的带尖的铁棒棒,字盘分为上下两层,下层是一块布满凹点的板,上层是两排连续四方框的规格板,三个方格为一组。每个方框中容纳六个凹点。

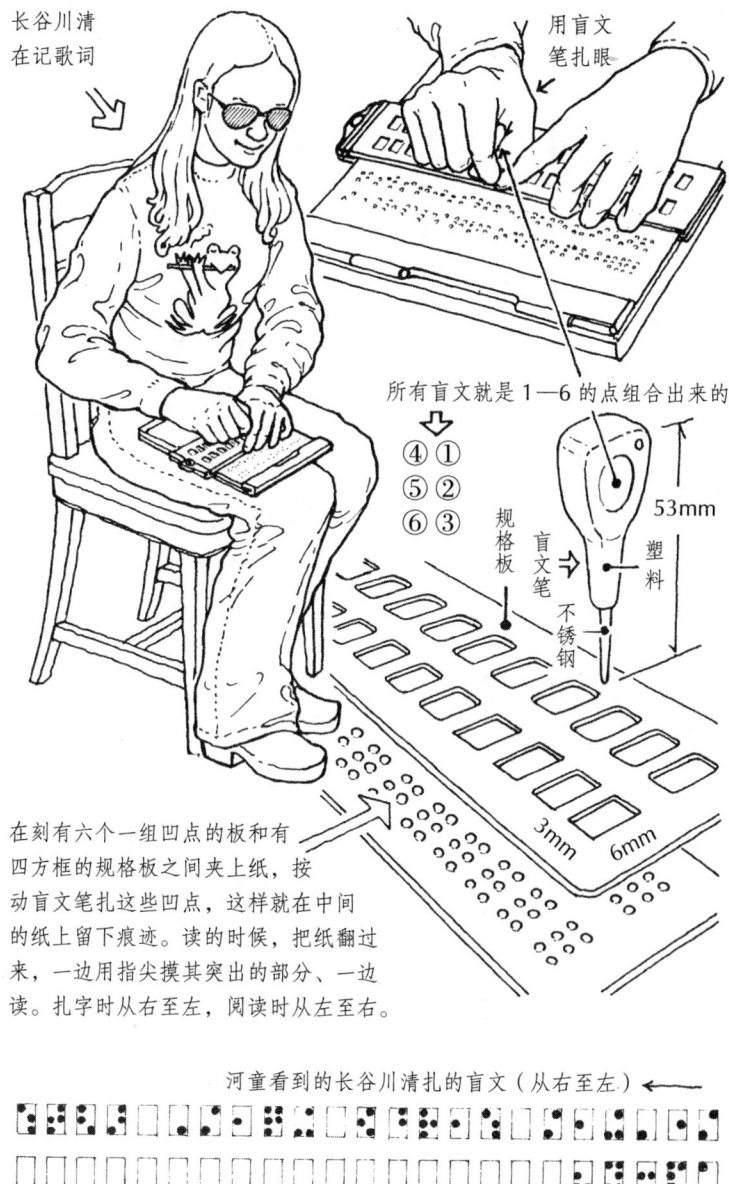

五十音

盲文按发音书写。不过日语中只有助词ヲ，使用ワ行的ヲ，其他助词不用。

在ア行上加上点⑥就变成カ行，如果加点⑤⑥变成サ行，这个表上日文假名一目了然。我觉得自己好像得到了一本很有意思的密码本，便问，「挺有意思吗？」阿清回答说：「很有意思。」

オ	エ	ウ	イ	ア
コ	ケ	ク	キ	カ
ソ	セ	ス	シ	サ
ト	テ	ツ	チ	タ
ノ	ネ	ヌ	ニ	ナ
ホ	ヘ	フ	ヒ	ハ
モ	メ	ム	ミ	マ
ヨ		ユ		ヤ
ロ	レ	ル	リ	ラ
ヲ				ン
促音	長音	← 长音和促音的符号如左记		

↑ 这个横线处不需扎字，是为清楚记住点的位置而留的。

盲文器：900日元＋邮费240日元。《盲文入门》：150日元＋邮费170日元，邮购：〒160东京都新宿高田马场1-23-4日本盲文图书馆。电话：（03）209-0241

五十音前加点⑤为浊音，加点⑥为半浊音，简单易懂。此外还有外来语、数学、英语、德语、法语的发音符号等。

⇩	⇩		
ブ	ビ	バ	浊音
プ	ピ	パ	半浊音
3	2	1	0
7	6	5	4
数字也从右至左←	10	9	8
25			1978
」	棒線		点線
外国字符	（　）	！	？

（对盲文感兴趣的人，务必去读《盲文入门》，记住准确的写法。）

"这六个点代表所有的字吗？"

"是的。不论数字，还是外文，所有的字都靠这六个点表示，这是非常科学的啊。"

"什么时候有的盲文？"

拗音　（我为解开其构造犯难了，请阿清为我指点迷津。）

キョ	キュ	キャ
ショ	シュ	シャ
チョ	チュ	チャ
ニョ	ニュ	ニャ
ヒョ	ヒュ	ヒャ
ミョ	ミュ	ミャ
リョ	リュ	リャ
ギョ	ギュ	ギャ
ジョ	ジュ	ジャ
ヂョ	ヂュ	ヂャ
ビョ	ビュ	ビャ
ピョ	ピュ	ピャ

在伸长保留下的元音后加拗音，比如：カ＋④。

"根据书上记载，是在1829年，由一个叫路易·布莱叶的法国青年盲人想出来的。也就是说在150年前就有这个东西了，现在全世界都使用这种六点式盲文器。日本是在明治二十三年，由东京盲童学校的教师石川仓次编译成日本的五十音，也就是刚才我扎的盲文。实际上盲文是在完整科学的体系上创造出来的，只要记住构造，不论谁都可以扎。有点像密码，你不感到有意思吗？"

因为我表示出兴趣，他还送给我一本《盲文入门》，于是我就笨拙地扑哧扑哧扎了几下。构造十分科学，有点恍然大悟之感。为了能让读者朋友有所了解，我特意把字母表画大了一些。

阿清滑动食指读起盲文来，我也学着他闭上眼睛去读，只是指尖上有唰啦唰啦的感觉，在3毫米×6毫米的小空间里要分清这种符号，不可能，根本不可能！

阿清说："河童你是不行。我是盲人，由于切身的需要，从小一直训练过来了。现在食指尖非常敏锐，就像眼睛一样，但是拇指尖也很笨，也是什么都摸不出来。"听他这么一说，我决定不再勉强自己去做那种愚蠢可笑的事了，只是说了声谢谢，也就不再梗着脖子反复地读盲文表了。

面值为10盾的荷兰纸币，左下角并排排列着三个点，用手指触摸一下直径为5毫米的圆点，明显地感觉到其凹凸。制作得非常精细，我的手指也能感觉到。我和阿清一说，他颇感兴趣地说："让我来试试！"我拿出我收集到的23个国家的纸币让他来摸，加以比较。"荷兰的纸币印得漂亮！让我激动不已。这是英国的吗？印刷油墨凸起，一摸就明白，这真是照顾了盲人。即使没有照顾盲人的想法，但能让我们盲人这么清楚地感觉到，真是谢天谢地了。哎？这张是平滑的。"

阿清把各国的纸币分为三组，能用指尖清楚地感觉到的是荷兰、英国、美国、比利时、捷克等国家的纸币；感觉稍微好点的是希腊、匈牙利、西班牙等国家的纸币；根本没有感觉的是埃及、意大利、瑞士、瑞典、挪威、奥地利、爱尔兰、苏联、葡萄牙、墨西哥、韩国等国家的纸币。北欧各国盲人比较多，但他们对盲人没有这种关照，令阿清大感意外。我从钱包里拿出日本的1万元和1千元的纸币，又让阿清来摸，"啊！我们日本的纸币，没有这种对盲人的关照，只能靠纸币的纸质和大小去判断。"

如果今后日本要发行新设计的纸币，一定要请盲人的辅助人员参加，至少要制造出像荷兰那种程度的纸币来才好啊！

说日本纸币的印刷技术最高，那就不仅要在防伪技术上下工夫，能不能进一步把关照盲人的技术也加进去呢？钱币，我们是不能随便制造的，因为这是上帝的工作啊！

听说阿清麻将打得棒，就去他家看他打麻将。他住的房间真不赖。为了听见声音，他想要宽敞的房间，终于把这个房间搞到手。我以为是买的，似乎又不是。他搬来仅三个月，对这

荷兰的纸币上有三个圆点

里已是相当熟悉了。

　　这天来打麻将的有矢崎泰久、中山千夏和有"麻将圣人"之称的阿佐田哲也。他们打的麻将与普通的麻将不同，要大声报出自己出的牌。听说阿清记忆力极强，如果谁说错了所出的牌，他就连珠炮似的说："等一下，同样的牌有五张吗？大家是不是欺负我这个残疾人哪！"本想一定是恶言碎语满天飞的吵嚷场面，结果却令人意外，很文明。我要写观战记，可对麻将一窍不通，真有点茫茫然。

　　矢崎边打边教给我打麻将的方法，我心想再听你解释就要耽误采访了，就说："你专心打吧，我得拍照。""是吗，那就……"接着他哼起摇篮曲。阿佐田哲不是在打盹吗？以前听说过他打的是"打盹麻将"，耳听为虚，眼见为实，果真不假。是不是正因为他打着盹打麻将，人家才称他为麻将圣人？打了一圈，轮到了自己出牌，他眯缝着眼睛出一张后又打起盹来。不久前一次，大家都认为他已经睡着了，刚要放下心来，这时

40 | 窥视日本

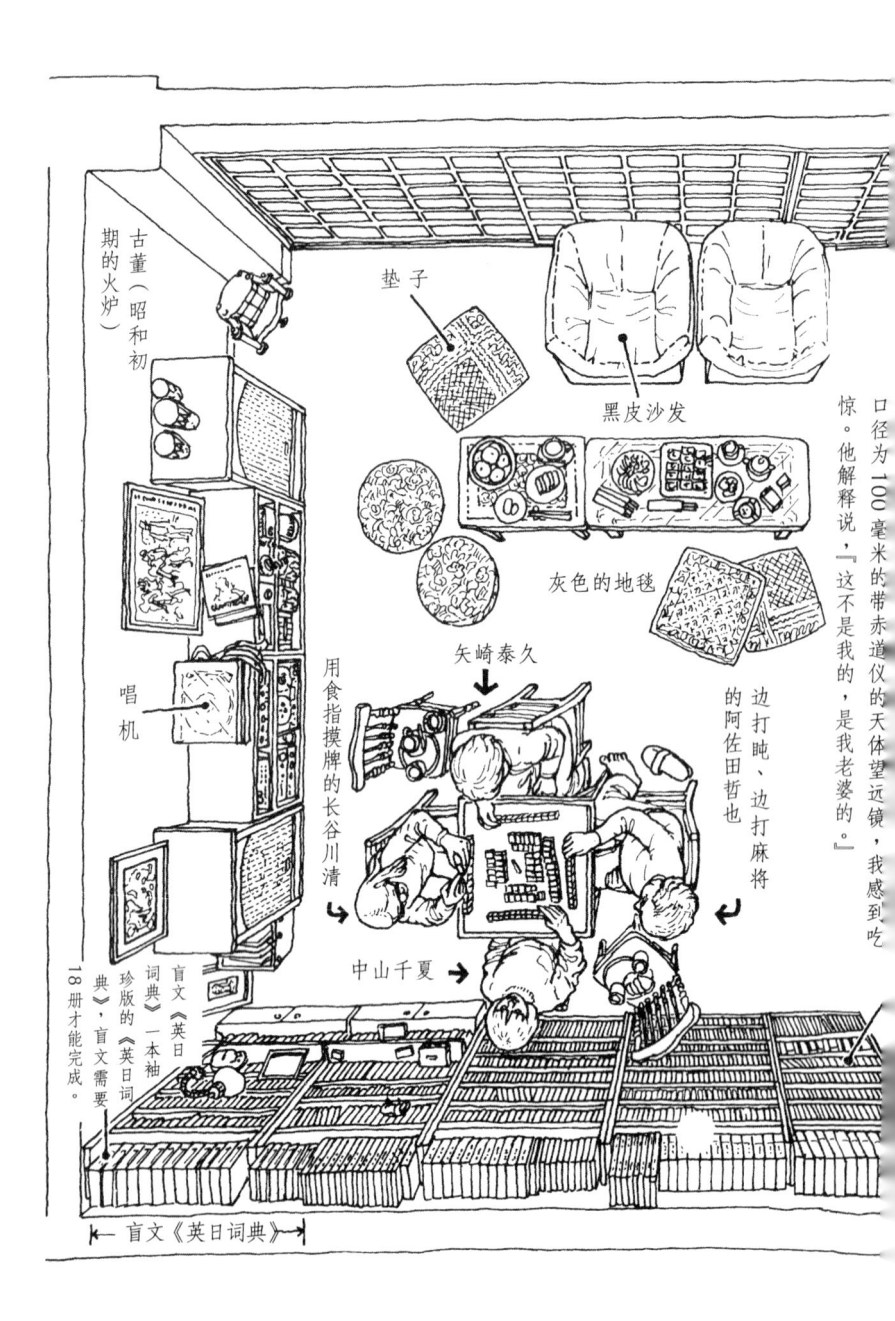

古董（昭和初期的火炉）

垫子

黑皮沙发

口径为100毫米的带赤道仪的天体望远镜，我感到吃惊。他解释说，"这不是我的，是我老婆的。"

唱机

灰色的地毯

矢崎泰久

边打盹、边打麻将的阿佐田哲也

用食指摸牌的长谷川清

中山千夏

盲文《英日词典》一本袖珍版的《英日词典》，盲文需要18册才能完成。

盲文《英日词典》

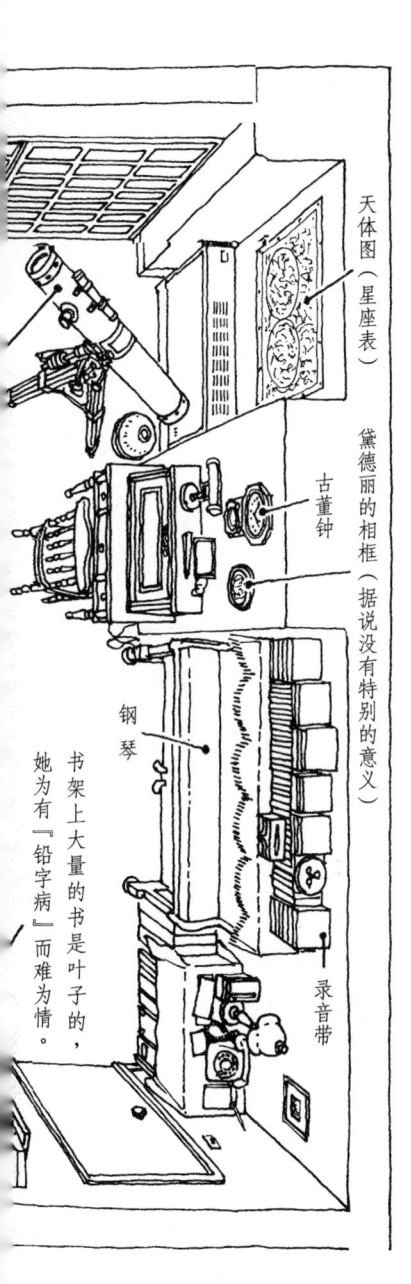

阿佐田哲也叫了一声："碰！"把大家吓了一跳。大家都觉得奇怪，"一边睡觉一边打，什么时候看的牌？"这就是麻将圣人的风度。

从晚上8点半打到凌晨2点。

今天，阿清能和麻将圣人打牌，感到非常兴奋，而且只有他一个人精力充沛，取得了压倒性的胜利。

半庄的成绩，矢崎负47分，中山负7分，阿佐田负47分，阿清得101分。

我请各位谈谈对阿清打麻将的印象和其水平，中山说："要跟，他就猛跟，今晚他有点老实，好像平时总是放狠话，比如给你点个炮算了什么的。这容易引起误会，我更正一下，和他打麻将很快活！"矢崎说："阿清的麻将是记忆麻将，能像电脑一样精密地工作，不得了。他悟性极高，可有时出牌也欠考虑。想和阿清打麻将的人，我告诉你一点，他虽然经常让牌，但是他不叫停。我们到了早晨才清醒。他是个夜猫子，能有条不紊地打，可怕！所以和他打麻将要避开熬夜打。"阿佐田说："要评价他有多少本事，不玩到后边，那是看不明白的。这次我直接被他打败了，说明他是个高手。这次虽然说是他胜，但他是个赌徒。我开始的策略是故意留一张'北'等他，虽然结果是'平和'，可他打的是精于用脑的麻将，配合对手的出招，自己再想出新招来，是普通家庭麻将中不怎么能看到的那种了不起的玩家。"

阿清获胜后很兴奋，也对各位做了评价说，"能和阿佐田打麻将，除了激动还是激动"；"千夏悟性高，但出手慢，可那也是大家风范"；"矢崎厉害，厉害到都想跟他说'不打了'"。阿清没有让和他接触过的人觉得他是个盲人。当然，他那种举止并不勉强，也不做作。如果办不到，他也不去逞能。实际上是听其自然。他眼睛看不见，在这方面自然要让步的。但他不为眼睛失明所拖累，也不因此娇惯自己。

故意耍机灵，反而要弄得自相矛盾，最好还是自然地交往。我观察他的爱人叶子，根本看不出她是一个有盲人丈夫的人。阿清对我说："我老婆太严厉了，不让我碰墙，怕弄脏。"他们俩就是这样一起生活了八年。

以前两个人完全是对等地分担各种家务，比如洗碗啦、冲咖啡啦，制定规则，互相遵守。不过现在这些规则都没有了，其理由是，比如冲咖啡，当值的人不论怎么困，都必须比对方

早起，最终感到不快活，那就要吵架，两个人为捍卫共同制定的规则，却反而使彼此的关系弄得怪怪的，他

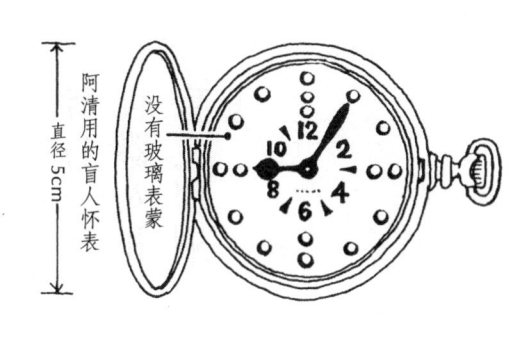

阿清用的盲人怀表
直径 5cm
没有玻璃表蒙

们发觉这种做法是愚蠢的。"我们把所谓是夫妇就应该一体同心的规则给废了。与其把两个人捆绑在一起，不如承认两个人原来就是不同的两个个体，反而能搞得更好。"

"两个人的性格和想法差异很大，不可思议的是兴趣一致。现在两个人热衷于麻将，着迷于单口相声，一有时间就听录音带，什么'你是说不听我的话了'啦，什么'阿姐那可有点勉强'啦。顺便说一句，结婚时我对她说'祝你永远幸福'，她却说'没有那么可贺的啊'！"他笑呵呵地对我说。

与阿清交往以来，我并没有把他当成双目失明的人，唯一遗憾的是，我不能让他欣赏我的画了。

导盲机器人和盲文印刷

在整个日本,导盲犬只有 200 只。

导盲犬虽然也叫犬,但是和普通的犬截然不同。它忠实地服从盲人的指令,履行引导的使命。场合不同,则必须具备完全相反的功能——"不服从指令"。

比如,盲人发出"前进"的指令,但是,导盲犬判断为"危险",它就不动了。即使对于狗本身来说,这可能毫无妨碍,但是当它判断盲人通过会有障碍时,会采取不服从的态度,以引起盲人的注意。在路上,不论其他的狗怎么对它嚎叫,甚至咬它,它都能做到不还口,不打架。在拥挤的电车中,被人踩着,它也能忍耐。我看到导盲犬后,不知该说"它长得真帅"好,还是该说"它根本不像狗"好,心里有种说不出的滋味。

训练一只狗,至少需要八个月。虽然都经过了训练,其中

开发研制中的导盲机器人（2号试验机）

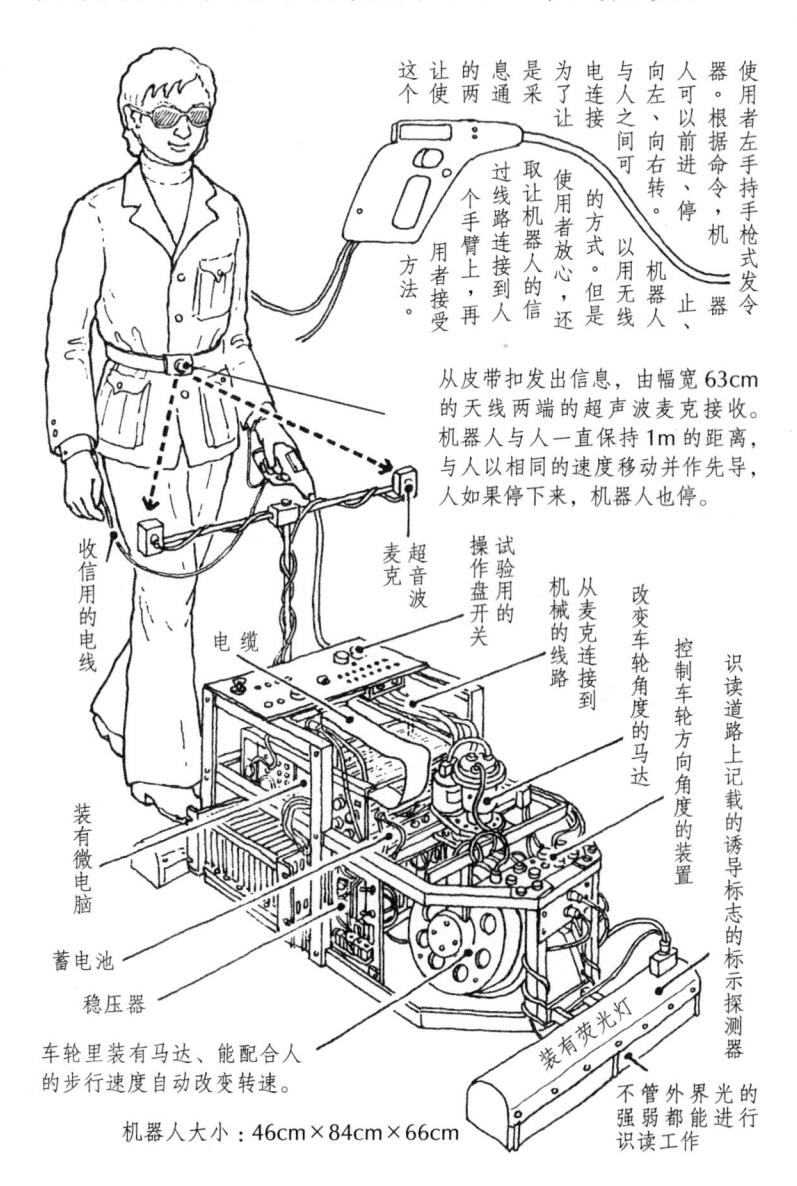

使用者左手持手枪式发令器。根据命令，机器人可以前进、停止、向左、向右转。机器人与人之间可以用无线电连接的方式。但是为了让使用者放心，还是采取让机器人的信息通过线路连接到人的一个手臂上，再让使用者接受这个方法。

从皮带扣发出信息，由幅宽63cm的天线两端的超声波麦克接收。机器人与人一直保持1m的距离，与人以相同的速度移动并作先导，人如果停下来，机器人也停。

收信用的电线

超音波麦克

电缆

试验用的操作盘开关

从麦克连接到机械的线路

改变车轮角度的装置

控制车轮方向角度的马达

识读道路上记载的诱导标志的标示探测器

装有微电脑

蓄电池

稳压器

车轮里装有马达、能配合人的步行速度自动改变转速。

装有荧光灯

不管外界光的强弱都能进行识读工作

机器人大小：46cm×84cm×66cm

也只有 1/3 的狗具备导盲犬的能力。一只导盲犬的价格为 100 万日元。

好不容易训练出一只优秀的导盲犬，因为它总是处于精神紧张的状态，一直忍耐克制自己，往往积劳成疾，所以比起其他的狗寿命要短。

前几日有两只导盲犬被带入国会，其意思是"希望在国家的扶助下增加导盲犬"。可是厚生省的回答却是"厚生省的预算很难拨到导盲犬上……"等等。

听说通产省的机械技术研究所在开发研制"导盲机器人"，虽然这个方案不是一个完全可以代替导盲犬的方案，但我很感兴趣，立即跑去弄个究竟。那里的人不好意思地解释道："才研究一年多，还不怎么像样，而且体积大，要真正达到实用还差得很远，目前期望它具备代替真的导盲犬的能力还为时尚早。不过，我们制定了一个五年计划。"我对这些研究人员颇有好感。

"我扪心自问，国家的研究机构应该做什么？结果有很多东西都被漏掉了。从这些反思中产生了创造'扩展人的能力'的主题，继开发'假肢'之后，开发'导盲机器人'也正是我们的科研课题之一。"

为了了解导盲犬的特性，他们做了半年的研究。我们再一次向导盲犬脱帽致敬，为其出色的能力所折服，并深深感到，要把导盲犬所有的功能都嫁接到机器人上是不可能的。

我们要想方设法把导盲犬的"服从"和"灵活地不服从"的功能机械化。如果能做到这一点，就能够弥补导盲犬的不足。比如，通过大量的生产来降低单价，因为导盲犬价格昂贵。

在东京、埼玉、群马、横滨、川崎等地有导盲犬免费出借的制度，但是租用者必须具备所规定的条件，条件不够的租用者则被排除在外。

无论如何，非常需要导盲犬的人，可以到拥有全国网络的组织——东京导盲犬协会去买，那里每只犬以 15 万日元出让给你，其余的 85 万日元靠募捐来填补。怎么说一只犬也要 100 万日元。

饲养方面也存在问题。导盲犬都是牧羊犬、加拿大犬等大型犬，有些公寓和社区不许养。即使能养，必须照顾它的吃喝拉撒，对全家人也是个很大的负担。总之，困难很多。更为难办的是，导盲犬作为家庭的一个成员和家人一起生活，无法回避它早死这一悲惨的结局。研究室的人告诉我说："如果有机器导盲犬，这些问题就迎刃而解了。"

另一方面，与导盲犬不同，机器人研发完成后，要充分使用的话，在道路上每隔 10 米，必须要用涂料或磁铁做出标记来，这就需要各种费用。然而，这是政治和行政的问题。考虑到目前的经济增长，费用基本上不是什么问题。如果道路设标，经常走的路可以用电脑做个记忆，来自动诱导机器人。将

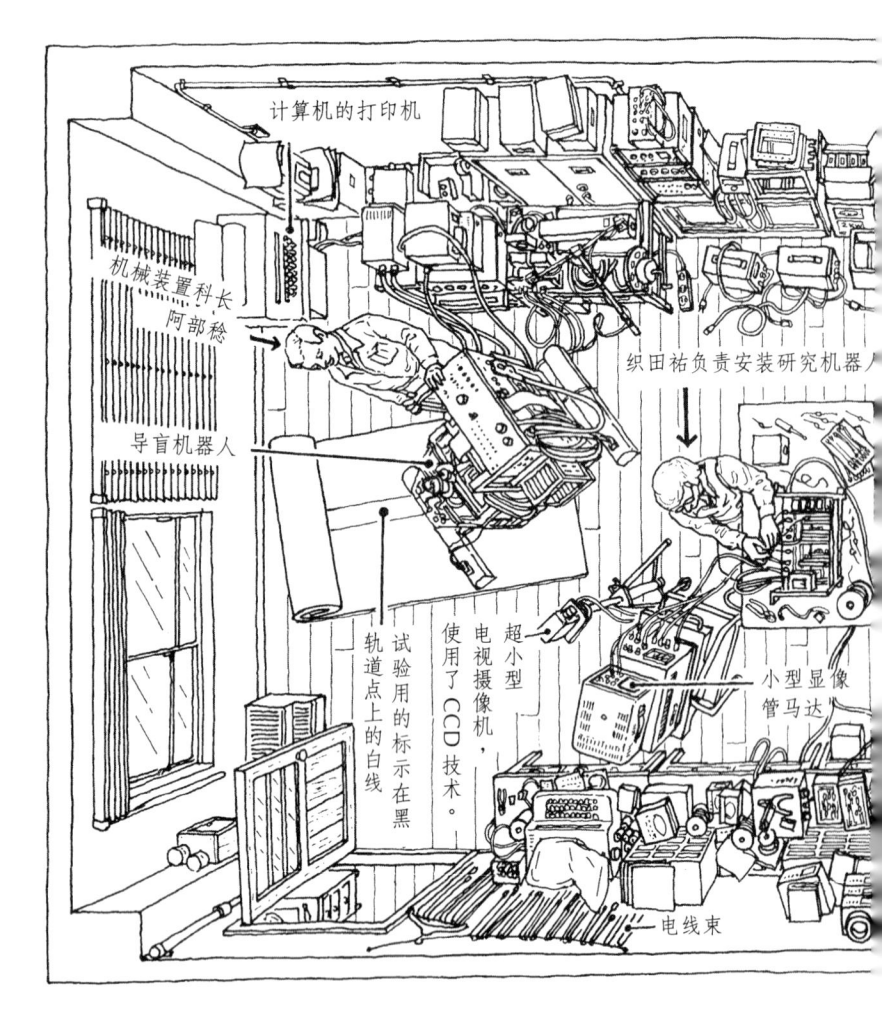

[图示说明：
- 计算机的打印机
- 机械装置科长 阿部稔
- 导盲机器人
- 织田祐负责安装研究机器人
- 超小型电视摄像机，使用了CCD技术。
- 试验用的标示在黑轨道点上的白线
- 小型显像管马达
- 电线束]

来许多城市都可以这么做，将当地的地图做成盒式录音带，租借给盲人，盲人就可以到陌生地去旅游了。

我问道："这个导盲机器人个头大，样子怪怪的，不利于盲人出行，因为盲人多半都不喜欢自己引人注目，太扎眼。"

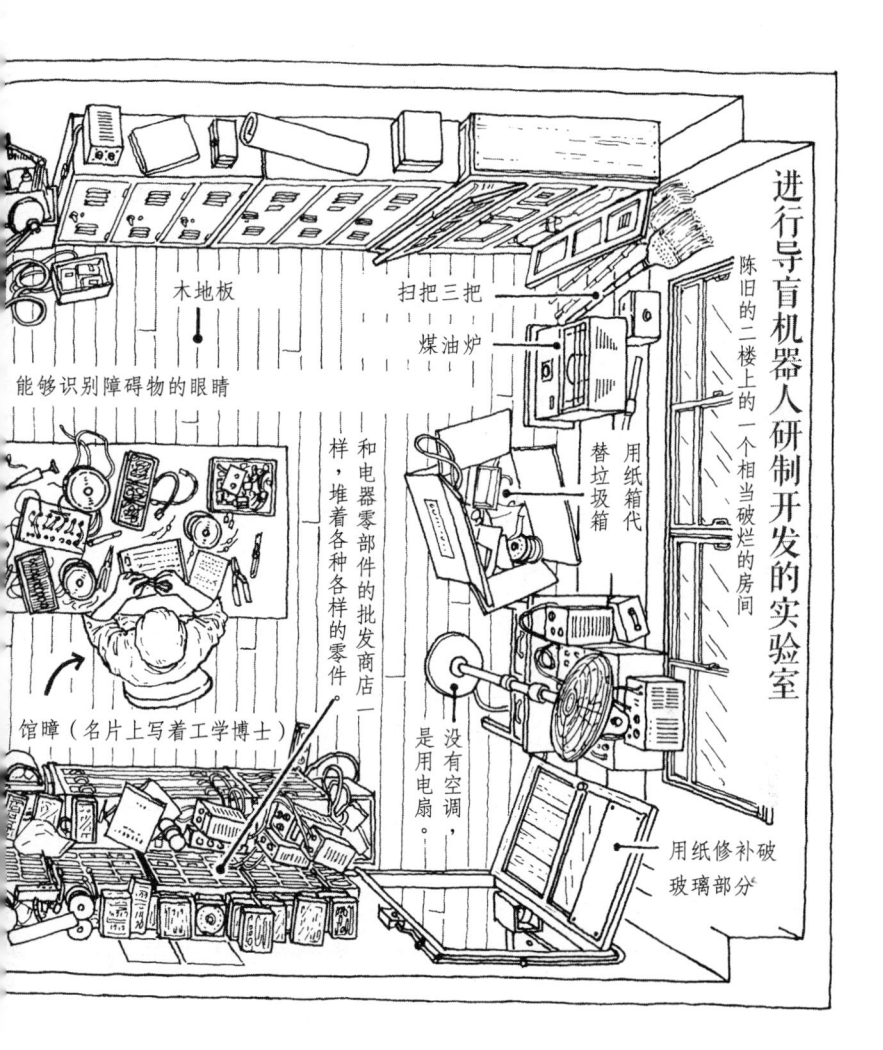

进行导盲机器人研制开发的实验室

陈旧的二楼上的一个相当破烂的房间

- 木地板
- 扫把三把
- 煤油炉
- 能够识别障碍物的眼睛
- 用纸箱代替垃圾箱
- 和电器零部件的批发商店一样，堆着各种各样的零件
- 馆暲（名片上写着工学博士）
- 没有空调，是用电扇。
- 用纸修补破玻璃部分

"的确有这种意见，但这只是开始试验阶段，我们的目标是更小、更轻的……考虑做成除尘器那么大小。我们能够理解盲人的想法，所以要制造出让他们能接受、不感到难为情的产品，一旦真的制造出优秀的导盲机器人，盲人们会大大方方、

充满自豪地使用。从我们对盲人的问卷调查来看，与其说成年盲人对机械技术已不抱希望，还不如说他们对其充满了不信任。因为以前做出来的几种都不能用，每次都辜负了他们的期望。孩子们没有这种经验，还有梦想，在他们的问卷调查中，对'希望做出对我们有用的机器'的呼声很高。所以既然要做，就必须做出适合他们的东西。庆幸的是，今天的科技在进步，新的东西层出不穷。联合各个领域，今后肯定会增大其可能性。"

我一边听着机械装置科长阿部稔和馆曈先生实实在在的说明，一边画下了他们稍微有点脏的、杂乱无章的研究室，感到在这个房间里，"理想还是有的"。但是，理想的实现需要时间。我们要耐心等待，不要性急。

我就盲文印刷问题采访日本盲文图书馆时，本间一夫馆长对我说的第一句话是，"盲人日常生活中最不方便的是——一个人出行困难，以及被排除在铅字的世界之外。"

"你去采访过导盲机器人了，他们进展到什么程度了？导盲犬是活物，会生病的，饲养起来也很费钱，平时照顾也很不容易。一般来说，社会上并不见得都对盲人有好感……反正希望他们研制出既能帮助盲人出行，又能代替拐棍的器具，而且不限于导盲机器人。

"说到盲人的另一个不方便就是'读'，要满足这个愿望，需要种类丰富的盲文图书。靠锌版印刷做一本盲文书，除费时之外，还存在着经济方面和技术人员不足的问题，这个图书馆能够进行单行本的印刷，一年印刷不到 100 册。

"盲文杂志从大正十一年有《盲文每日》以来，各色各样的都有。但是相当厚，信息量也达不到普通报纸一页的内容，离满足盲人阅读的渴望还差得很远。

"盲人读书面很广，而且存在着个人的差异。锌版的方式能增加数量，但是在增加种类上却是死胡同，这方面想靠盲文翻译家的协助来填补。最近志愿者多起来了，能够请他们做各种领域的盲文翻译，但都是手抄本，只能做成单本，借出后其他人就无法阅读了。我们一直在考虑有没有能填补锌版和手抄本之间的空间，又能很容易地印刷五六十本的方法……这是常年搞图书馆工作的我的一个愿望。据说受通产省的委托，现正在研制凸版印刷——发泡油墨盲文印刷。我期待着能解决上述问题。现在国家的拨款是由厚生省承担的，预算少得可怜。自1976 年起，通产省设立了医疗福利机器研究开发的制度，也把医学界的同仁纳入进来，令人高兴，应该高度评价此举。"

我在想，发泡油墨印刷是怎么回事？我一定要看看，于是立即拜访了凸版印刷中央研究所的试制研究室。听着解释，一个不漏地观看了一番，感觉比起锌版印刷工序多，但优点也不少。

把加热后发泡的油墨和丝网印刷结合起来创造盲文印刷，这个主意非常好，而且很有趣。尽管主意好，可福利性要素多

锌版盲文印刷机

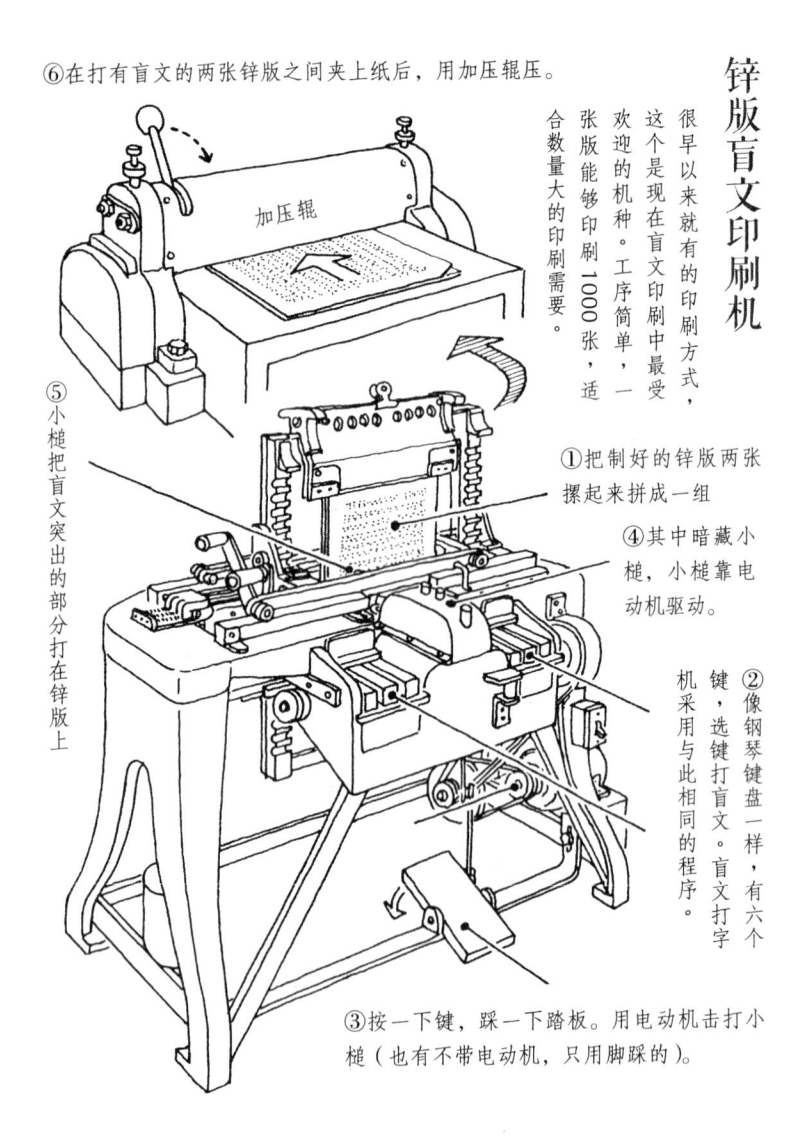

很早以来就有的印刷方式，这个是现在盲文印刷中最受欢迎的机种。工序简单，一张版能够印刷1000张，适合数量大的印刷需要。

⑥在打有盲文的两张锌版之间夹上纸后，用加压辊压。

加压辊

⑤小槌把盲文突出的部分打在锌版上

①把制好的锌版两张摞起来拼成一组

④其中暗藏小槌，小槌靠电动机驱动。

②像钢琴键盘一样，有六个键，选键打盲文。盲文打字机采用与此相同的程序。

③按一下键，踩一下踏板。用电动机击打小槌（也有不带电动机，只用脚踩的）。

盲文字 3mm×6mm，比普通的字要大，一张纸能印刷的信息量有限，又因为纸上打有凸凹，重叠起来，又使书本增厚。盲文的《圣经》有 32 册，袖珍字典能膨胀到 71 册。

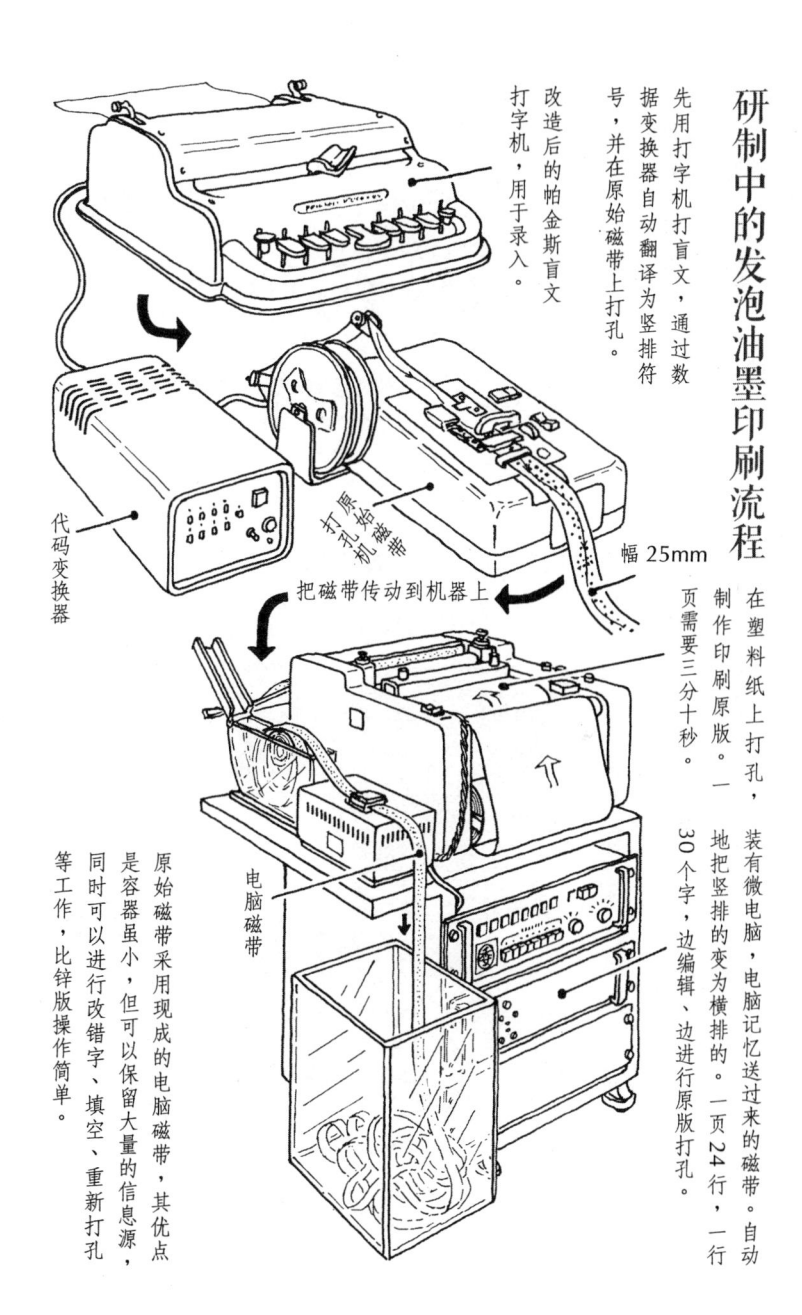

研制中的发泡油墨印刷流程

先用打字机打盲文，通过数据变换器自动翻译为竖排符号，并在原始磁带上打孔。

改造后的帕金斯盲文打字机，用于录入。

代码变换器

打孔安装带

把磁带传动到机器上

电脑磁带

幅 25mm

在塑料纸上打孔，装有微电脑，电脑记忆送过来的磁带，自动地把竖排的变为横排的。一页 24 行，一行 30 个字，边编辑、边进行原版打孔。制作印刷原版。一页需要三分十秒。

原始磁带采用现成的电脑磁带，其优点是容器虽小，但可以保留大量的信息源，同时可以进行改错字、填空、重新打孔等工作，比锌版操作简单。

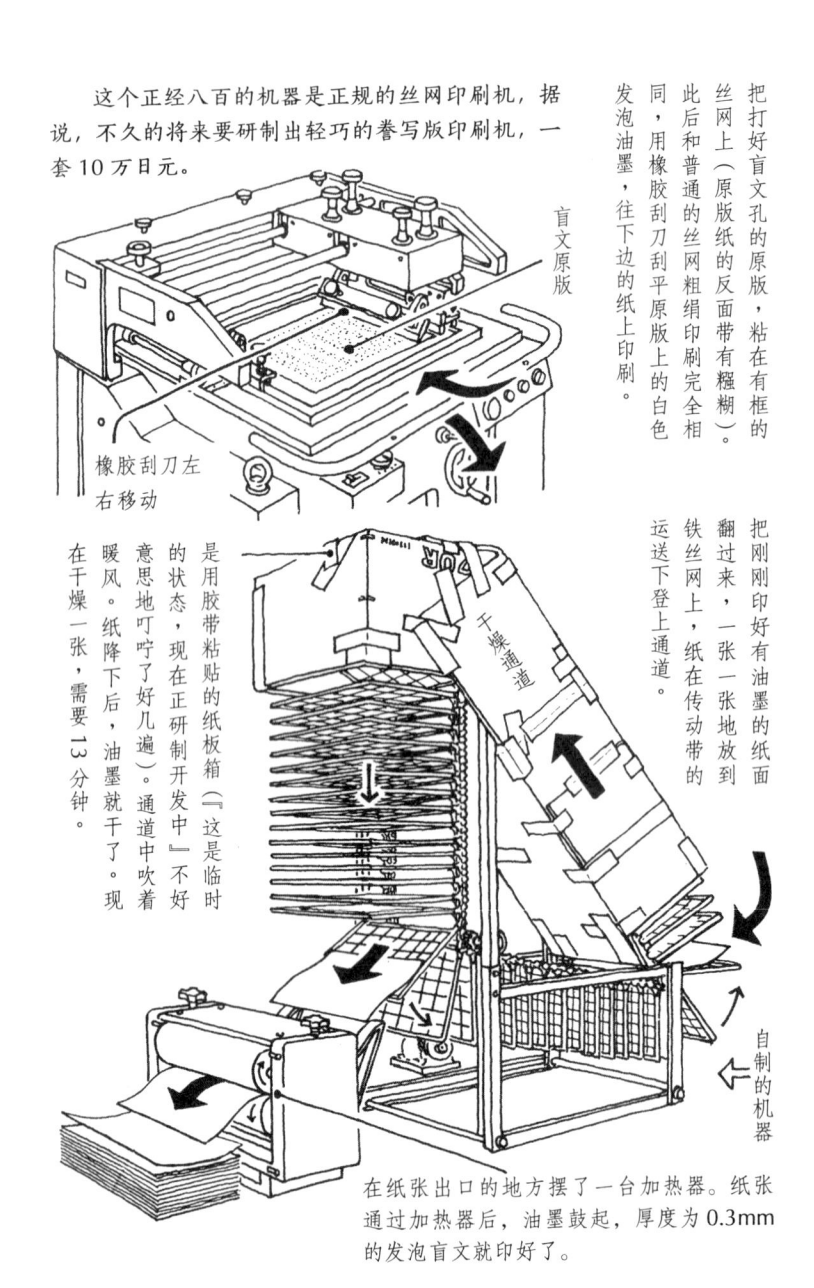

这个正经八百的机器是正规的丝网印刷机，据说，不久的将来要研制出轻巧的誊写版印刷机，一套10万日元。

盲文原版

橡胶刮刀左右移动

把打好盲文孔的原版，粘在有框的丝网上（原版纸的反面带有糨糊，此后和普通的丝网粗绢印刷带完全相同，用橡胶刮刀刮平原版上的白色发泡油墨，往下边的纸上印刷。

把刚刚印好有油墨的纸面翻过来，一张一张地放到铁丝网上，纸在传动带的运送下登上通道。

干燥通道

是用胶带粘贴的纸板箱（『这是临时的状态，现在正研制开发中』不好意思地叮咛了好几遍）。通道中吹着暖风。纸降下后，油墨就干了。现在干燥一张，需要13分钟。

自制的机器

在纸张出口的地方摆了一台加热器。纸张通过加热器后，油墨鼓起，厚度为0.3mm的发泡盲文就印好了。

的事情，仅靠一个企业进行研究太难了。盲文印刷这个项目只有接受了通产省的委托才办得到，正式的研究开发也才成为可能。

通产省工业研究院技术振兴科的人士说："这种新成果的诞生，需要相当的时间和费用，所以要由国家掏钱，委托有能力的项目组来研究开发这种有意义的项目。'福利机器研究开发制度'的课题多种多样，盲文印刷也是其中之一。此外还有盲文阅读机、盲文打字机、辅助盲人步行的'超声波眼镜'等。"

这些研究都是三年计划，发泡盲文印刷还剩一年。这个时期要进行印刷机的简便化的研究。如果轻便的丝网印刷机和干燥加热辊做成的话，即便没有掌握技术的人，接过原版和油墨也能印刷盲文。

和锌版印刷相比，发泡油墨印刷的优点是盲文的凸起部耐磨损，不怕水，即使水濡，盲文的凸部也不消失。原版制作快。引进了电脑，文字的编辑工作简便起来，修改也容易。原始磁带量少，容易保管。实际使用的日子没有多远了。

这次采访后，过了两年，也就是1980年5月，我听到了一个好消息。在川崎市中原区木月2丁目，经营书店的石堂雄士（32岁）自费制作了"用手看的书"《导盲犬查理》，免费赠送给双目失明的孩子。其印刷方法采用"发泡油墨盲文印刷"（很遗憾是非卖品）。

我立即跑到他那里，书做得非常漂亮，而且几乎都是手工印刷和装订的。他强调说，这是集合很多人的力量制作出来的，绝不是一个人能办到的。《导盲犬查理》一书由鹤见正夫撰文，桥本淳子绘画，是由小学馆出版的。不仅有盲文版，也有普通文字版。家长可以读给孩子们听。我闭上眼睛，用手指摸一摸盲文，感觉到了文字和绘画的凹凸。据说印制了400本。我的意思是，能不能想点办法公开销售？也让一般人拿在手中看看，哪怕多一个人也好。

（石堂的电话：044 - 433 - 5410）

搬山节

卍

　　几年前，一个朋友对我说："你知道枥木县乌山的'搬山节'吗？那是一个在马路上搭舞台，演'歌舞伎'的别出心裁的节日，我猜河童先生肯定喜欢。如果想去的话，事先什么都不必准备，就去看好了。"据说这个搬山节每年从7月25日到27日大搞三天。自知道此事后，每到夏季，我总是牵肠挂肚的。终于，今年有了机会，邀了三个搞戏剧的朋友，结伴同行，实现了夙愿。

　　可是到那个小镇一看，和照片上所看到的感觉根本不同。虽然有一些要过节的迹象，比如各家的房檐都挂着过节的灯笼，也能听到从远处随风飘来的伴奏的鼓声，但是小镇的街道空荡荡的，让人心里感到总有点不踏实。

　　真的会在这里上演传说中别具风情的"野外戏"——"搬山节"吗？据说今天5点还有一场，离5点还差15分钟，小镇还是安静得出奇，毫无动静，哪儿都看不到舞台装置。我有点忧心忡忡，便向镇上的人打听，"搬山节在哪里搞？""就在这里！""是吗？这里不是什么都没有吗？""就这样才好搞搬山节呀！""？！"他话音刚落，人们开始陆续拢来，的确是这里，但是不知其理由。炎热的太阳和烦人的蝉鸣，让人弄不清到底怎么回事。我嗓子渴得冒烟，随便吃了点儿刨冰。

5点一到，就听到"哇塞！哇塞！"的呼喊声从远处传来。一群小伙子拉着货摊车向这里跑，地鸣之声由远渐近。跟在货摊车后边的是满载着布景等舞台装置的车辆。各种车在规定的位置停下，立即开始装台。在空空的马路上动手搭台才正是此地独特的"节日"搞法。在我们惊呆之时，小伙子们迅速搭建舞台，个个手脚灵活，干完一项，马上干下一项，干得漂亮，一会儿的工夫，高高耸立的舞台就呈现在观众的眼前。

在装台这段时间里，我要与之同步工作，我除了要按动两台相机的快门外，还要速写，要采访。我挥汗如雨，跑来跑去，忙得不可开交。

同行的朋友都是搞戏剧的，也都兴致勃勃地找自己感兴趣的地方。搞导演的朋友深有感触地说："道具从车上搬下，移动到木结构的轨道上横向滑动，最后稍微向里改变一下角度，然后固定住，实在是妙。"女演员朋友对认真卖力的演出也给予了高度评价："听说参加表演的是女高中生，演得真棒！"我们共同的感想是"这真是一个让我们感动不已的节日"！

一个老人计算了时间，说"用了26分钟"。

好像如何迅速搭建舞台是这个节日非常重要的看点。之所以称它为搬山节，是来自一口气把"山"状布景的大道具竖立起来的活动。据说最里边的"大山"有10米高，7米宽。

前边竖的题牌上写着"将门"二字。一般歌舞伎的舞台横向空间大，而这里则是你想象不到的纵向空间装饰，非常独特。

一般的戏剧公演，在空地搭台，都是不给观众看的。因为一旦给人家看了，就等于泄露了戏剧的内容。可是这里的搬山节，毋宁说将搭台作为顶尖的表演奉献给观众。这样说虽然有些对不住那些参加演出的人，但是在这里搭起有大道具的舞台是第一位的，而演出本身毕竟是第二位的。

不管怎么说，最大的看点是接二连三地把山竖立起来，也就是搬起山的那一瞬间。为了搞好搬山节，乌山的六个镇之间相互竞赛，每个镇六年轮一次，每隔六年要选出一个搞得最棒的镇来。举办搬山节，各镇虽然把巧夺天工、精巧设计装饰的货摊车保存起来，但是，"山"这种大道具要当值的镇子来做，据说年年动手做新的。为此，全镇总动员，要花上一个月，精心制作。要把竹子破成细条，编成网状，做成"山"的形状，再在上边糊上好几层当地特产的"和纸"，请镇上的绘画高手在上边作画。

镇上的150个小伙子在过节的当天，会多么快地把那座"山"搬起来，那种手工制作的舞台装置会弄成个什么样子？这些都要放在众目睽睽之下让大家来评判。

我用"画面朴素，相当漂亮"这样的赞扬和镇上的人搭话，得到的回答含混不清，正觉得有点奇怪，明年当值镇子的人回答说："请您明年一定来看，明年一定会更好……"说完就不理你了。

节日所具有的竞赛意识，既让人感到欣慰，也令人感到

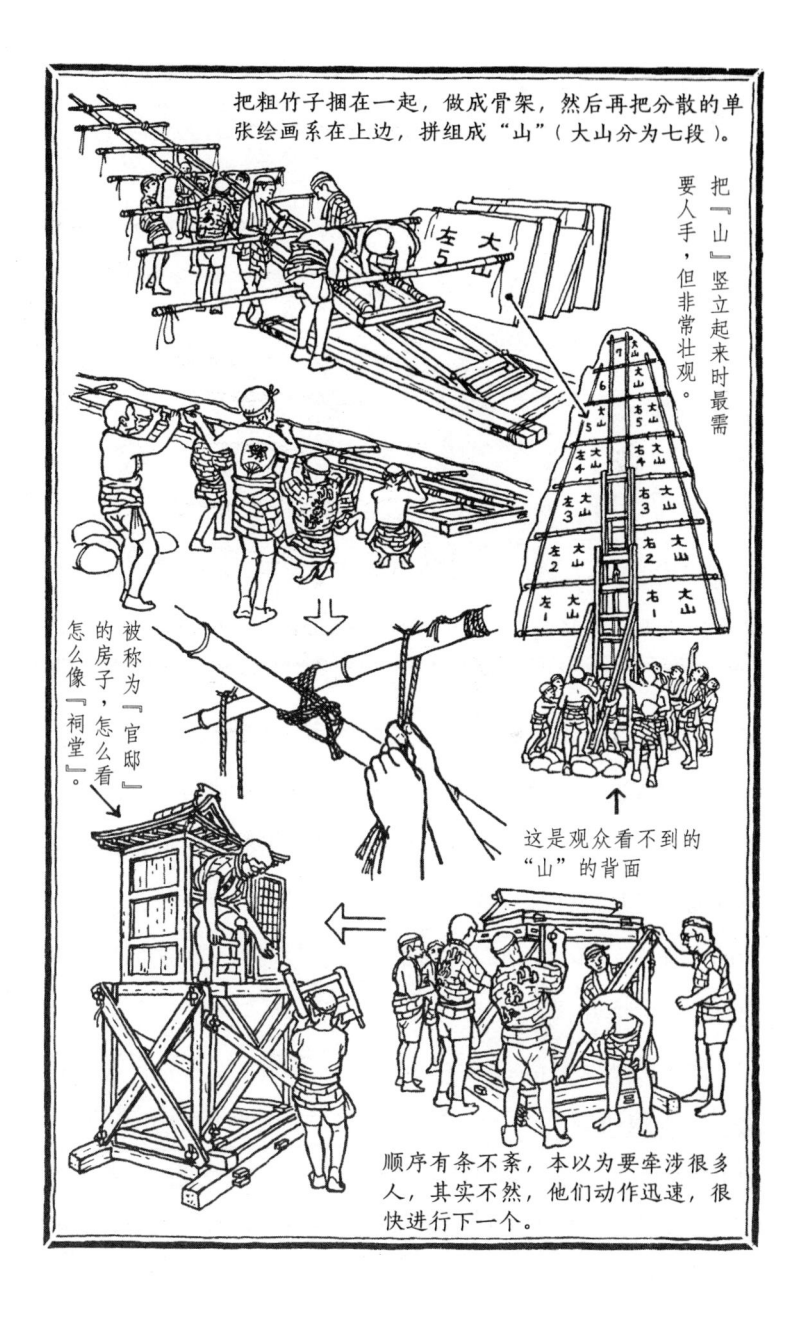

把粗竹子捆在一起，做成骨架，然后再把分散的单张绘画系在上边，拼组成"山"（大山分为七段）。

把"山"竖立起来时最需要人手，但非常壮观。

被称为"官邸"的房子，怎么看怎么像『祠堂』。

这是观众看不到的"山"的背面

顺序有条不紊，本以为要牵涉很多人，其实不然，他们动作迅速，很快进行下一个。

> 被"大宅光国"击败的"泷夜叉姬",穿过这个祠堂,驾上云彩飞移,随着云彩升高,逃向后边的山中。
>
> 远景瀑布化为激流逼近。这是河水流动的近景。由三段重叠起来,从正面看很有立体感。
>
> 开幕的场面中,蟾蜍「儿雷也」口吐蓝烟登场——那朴素的动作令人感动。
>
> 向左移动的货架台上有一个伴奏的人。
>
> 观众是由这个方向纵向看过去

安装在车上的"云"
上升
祠堂
向左移动

注:实际上有100米长,因为很难画进画面,所以压缩了一下。

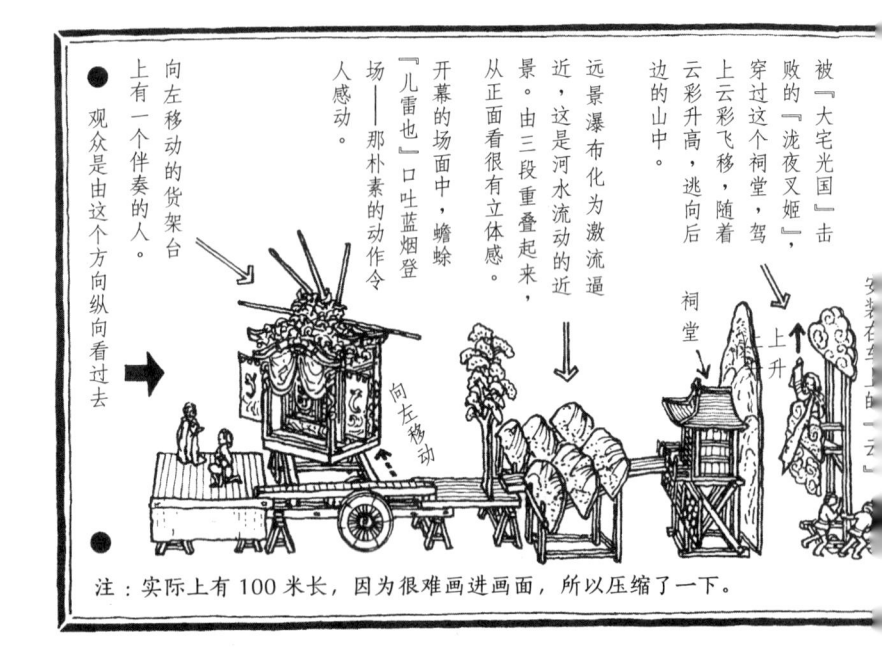

可怕。

竞赛意识不论哪里都有。正因为如此,构成节日发烧的要素也许正是比比谁更强、谁更棒。此外,平时不怎么显露给人看的属于其地域性独有的气质、风土性以及历史性,在非日常性的"豪华"的"过节"时间里浓缩、表现出来,这也是节日颇具趣味的地方。

同来的朋友奚落我说:"和镇上的人相比,就数你河童最兴奋,东跑西颠,马不停蹄呀。"平日总念叨看搬山节的人,遇上搬山节,当然不知所措。我感到好奇,感兴趣的东西一股脑地展现在我的眼前,我能不热情奔放嘛。而且,同时上演的

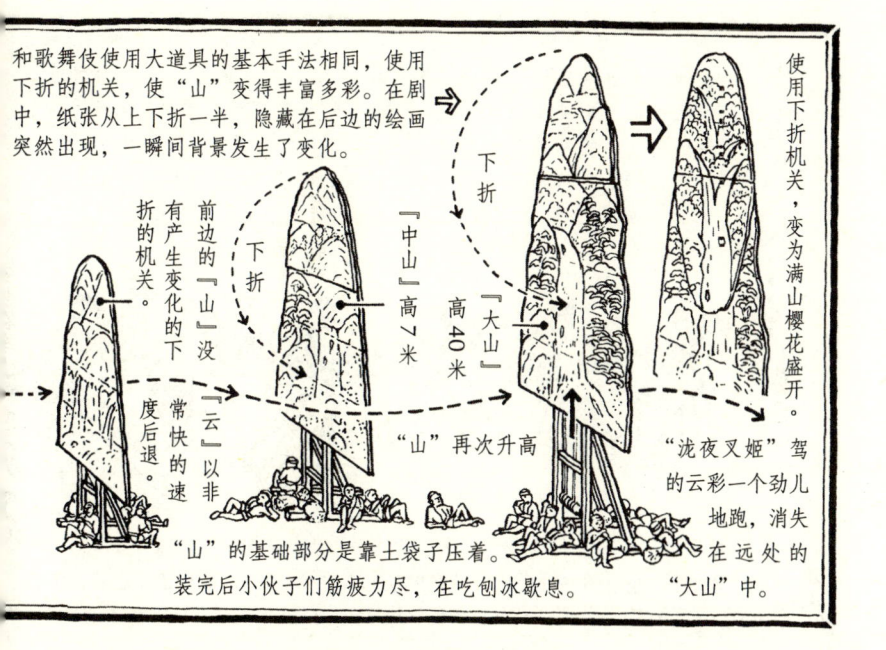

和歌伎使用大道具的基本手法相同,使用下折的机关,使"山"变得丰富多彩。在剧中,纸张从上下折一半,隐藏在后边的绘画突然出现,一瞬间背景发生了变化。

前边的「山」没有产生变化的下折的机关

下折

「云」以非常快的速度后退

「中山」高 7 米

下折

「大山」高 40 米

"山"再次升高

"山"的基础部分是靠土袋子压着。装完后小伙子们筋疲力尽,在吃刨冰歇息。

使用下折机关,变为满山樱花盛开。

"泷夜叉姬"驾的云彩一个劲儿地跑,消失在远处的"大山"中。

都是一次性的,那就更让我格外兴奋了。

镇上的人自豪地说:"这个节日是国家重要的无形的文化资产。"可是,使我为之狂喜的似乎不是因其为"指定的文化资产"。从镇上得到的小册子上这样写道:

"400 年前,永禄三年,当地发生瘟疫。当时的乌山城主那须资胤为了逃避这场灾难,命须佐元男去八云神社祭祀,作为祭礼奉献的余兴举办常盘津搬山,一直延续到今天……云云。"

搬山节的宝贵不在于其历史有多么古老,而在于其舞台机关的独特设想。尽管如此,不论哪个节日,之所以要对其历史

> **前往下一个会场！**
>
> 整理了舞台装置到下一个镇的街头上需要二三十分钟的时间,当然速度快会受到表扬的。特别是来到镇的交界为了制造气氛,猛然加速。
>
> 有个20岁出头的第一次参加演出的年轻人。"上次是中学三年级的学生,口衔手指看的。下一次26岁,该有媳妇了,还是光棍一条?生活寂寞呀!今后的事谁知道啊!"
>
> 搬山节需要超过150个小伙子,从这里出去的年轻人到过节时回来。"即便如此,也有不够的时候","那时候怎么办呢?""这是秘密,让其他镇的小伙子支援,喜欢的人多着哩!用不着担心。"

进行掺水,甚至胡说八道,都是试图使其变得更悠久罢了。在这里,也是令人费解地写得一本正经。我把有疑问的地方画了横线。

先说永禄三年,它相当于"桶狭间之战"那年,比"出云之阿国"创始歌舞伎还早了37年。常盘津搬山的诞生也是在歌舞伎上使用舞台装置以后很晚很晚才对呀,无论怎么想,这个节日都不会在18世纪以前出现。现在这样精致的舞台机关,应该更可能是出现在后来的时代。说什么400年前,简直胡说八道。到镇政府去问,从观光科转到教育委员会,回答都是在

> 车轮是木头的，走起来声音很大，如地鸣。外号为"木头"的指挥者用响板和哨子发出指令，把一切收拾停当。
>
> 运大道具除了用这种"阵车"，有的使用卡车运。
>
> 根据这根圆棍改变车的方向
>
> 剧目除将门外，有不表演搬山的综清、忠信剧目等。乌山共六个镇，按照顺序当班搞搬山节。1980年是金井镇，依此类推是仲镇、泉镇、锻治镇、日野镇、元田镇。

年代上做了大幅度的更正。"实际上常盘津和机关山的出现是在元禄十三年（1701年），然而当时是什么规模、什么形式不清楚。在那以前似乎是以相扑和神乐进行奉献。"

这么说还靠点谱。我根本无意给这个节日挑毛病，只是对越悠久越好有点看法……

和来源、规模、知名度无关，热闹的节日要有亮点，节日是靠亮点决定的。

这个搬山节从最初的搭台开始，随着剧情的变化，舞台也跟着变化，在"泷夜叉姬"的邪恶本质被"光国"识破后，落荒而逃的最后一场中上升至高高的云端，再继续向山的深处逃去。使用快速移动，把最后一幕推向高潮。

戏一完，拍手叫好（不过拍手的只有我们四人，镇上的人都习以为常，无人拍手）。我觉得到此就结束了，这时搬山节的另一个看点出现了。人们把那装饰华丽的舞台啪啦啪啦地拆开，装到原来的车上，开始向下一个表演场地移动。小伙子们那种争分夺秒的麻溜劲儿，那种潇洒风流的举止，令我赞叹不已。他们齐声喊着号子，拉着车如疾风般地在观众面前跑过，那才叫神速。我有个坏毛病，那就是感动容易过头，可是对于搬山节，我真的兴奋无比。在日本再仔细找找，也许还会有意想不到的美好节日吧。

我对于节日心醉神迷，头脑中常闪过"冠、婚、葬、祭"这样的词语。

我虽然不知道这个乌山的节日经费来自哪里，但是我曾听一个国会议员这样对我说过："特别是节日，不能轻视。你的目标不是停留在县议会议员上。缺少对节日的关照，你就弄不到选票。因为节日和地方选民有关，平时对这些地方就必须给予足够的重视。"即使他说的不是日本所有的节日，但实际上相当多的节日的确是靠这样的捐助来保护和维持的。也有人说，"不是不知道他们捐助节日"的数额是多少，而是不知道真搞的人"弄一票得花多少钱"。也许是如此吧！

在色彩华丽的纸上写上的"凸凹△□先生，收到你捐赠的

00万元"。你要是对节日捐赠神经麻木，那可是非常危险的。节日在人们心目中所占据的位置，毫无疑问和政治权利联系起来，这种日本的风土性，我们必须重新加以认识，因为我是一个喜欢节日的日本人嘛。

（1979年8月）

建议你去法庭旁听

最近让人牵肠挂肚的审判多起来，这么说，你要是和一个一个的审判都扯上关系，也非易事，而且是不可能的。为此我想走进法庭，至少旁听一下自己一直关心的审判。"《爱似斗牛》①审判"对我来说意义重大，是一直牵挂的审判之一。于是，我去旁听了这个审判。

旁听在法律上有明文规定，宪法第 82 条写着"审判和判决要在法庭公开进行"。旁听的依据则是这一公开的原则，其意义在于"将审判置于国民的监督之下，以保证其公正"。

然而，在形式上审判虽然得到公开，但是其中也会遭遇到"公开精神"被封杀的法庭。因为法官也是人，在审判过程中，他们的个人差异也强烈地表现出来。我本人曾作为有关玩具枪

---

① 另有中译名《感官世界》，是大岛渚于 1976 年拍摄的影片。

方面的"'制造玩具'审判"的原告出庭,虽然不是以警察厅为对手的在法庭上对垒的那种情况。但是,对于普通人来说,也还是非常想知道"审判是什么样的?""是怎么审判的?"在各种意义上,旁听都是与"公正审判"相关联的。所以还是多去旁听审判的好。

有人会说要旁听"手续麻烦,需要文件……",其实什么文件都不需要,登记姓名、办手续等全免。不论是谁都能自由去旁听,在日本的任何一个法庭都是如此。

不过有时你特意去了,也有可能入不了场。因为在希望旁听的人非常多的时候,要凭抽签入场。"《爱似斗牛》审判"开庭前,就进行了抽签。

20年前不搞抽签,没有座位的人密密麻麻地在后边站着听。当时东京地方法院还是木结构的。后来建起了漂亮的法院大楼,设置了固定的座席,并以此为由对旁听人数加以限制。

排队抽签的人们聊着天,"我抽签挺笨的,今天没戏吧?""什么时候的事来着,还上了报,说是有关暴力团的审判,没得到旁听证的人闹了起来,法院方面慌忙换地方,把所有的人都放进去了。""说什么这里本来就不窄,的确还有空位,都是冠冕堂皇的话……"

10点开庭,9点5分开始抽签,喇叭里重复播放着"相机和录音机不得带入法庭"的规定。

第一次开庭,由被告竹村进行了长达三小时的申诉。第二

```
 ┌─────────── 10.3 cm ───────────┐
 │ No.12                         │
 │      审判旁听证                │
 │      53.年2.27日               │
 │   第 501 号法庭(5 阶)          │
 │   東京地方裁判所 刑事第1部 係 岡田│
 └───────────────────────────────┘
```

编辑室为了让我进去旁听，派了八个人前来排队，我运气极佳，一下就抽中了。

抽中者领旁听证

签是像筷子一样的茶色小木棍，底部有白色标记的为抽中的签。

这里采取与寺庙求签相同的抽签方法

法院工作人员

大约有一百多人排队，旁听证只有 27 张，中签率为 25%。没抽中的人很遗憾。

报社摄影记者等待大岛的到来

次公审推迟了七分钟后开庭,这次由大岛渚申诉。

"在进入正题之前,作为其前提,我想申明两点。第一是我亲临这次审判的基本态度。我拒绝一切与过去《刑法》第175条相关的审判中常见到的那些所谓艺术啦、猥亵啦的观点,也就是说,我没有那种因其是艺术的,所以就不是猥亵的之类的主张。我的基本想法是,猥亵是不存在的。如果猥亵存在的话,那也是试图取缔猥亵的警官、检察官的心中之物,或者是在一部分法官的意识下制造出来的有关猥亵的定义。这种定义要多无聊有多无聊,我认为通过这次审判已经看得十分清楚了。即便暂时接受这个定义,我能构成刑法上的猥亵罪吗?我断言是不能的。要喊口号的话,我将高呼'猥亵为什么不好'!这就是我亲临这次审判的基本态度。"

大岛渚的申诉从新的角度切入,其观点与以前有关猥亵的审判完全不同,他的主张扣人心弦。在其驱使下,我想记录大岛的话。想把审判记录保留下来,无非是以后有机会再重新读读。如果真的做记录恐怕就要被勒令停止或者退庭。只有司法记者俱乐部的记者们能做记录。

我很难理解法庭上"一般旁听者通过报道知道即可,所以没有必要记录"的规定,一方面可以记录,另一方面不可以记录,这里面存在着歧视的问题,从根本上与公开审判背道而驰。禁止记录难以服人。

感觉不对头,就调查一下,方知有"法庭旁听规则"。这

窥视日本

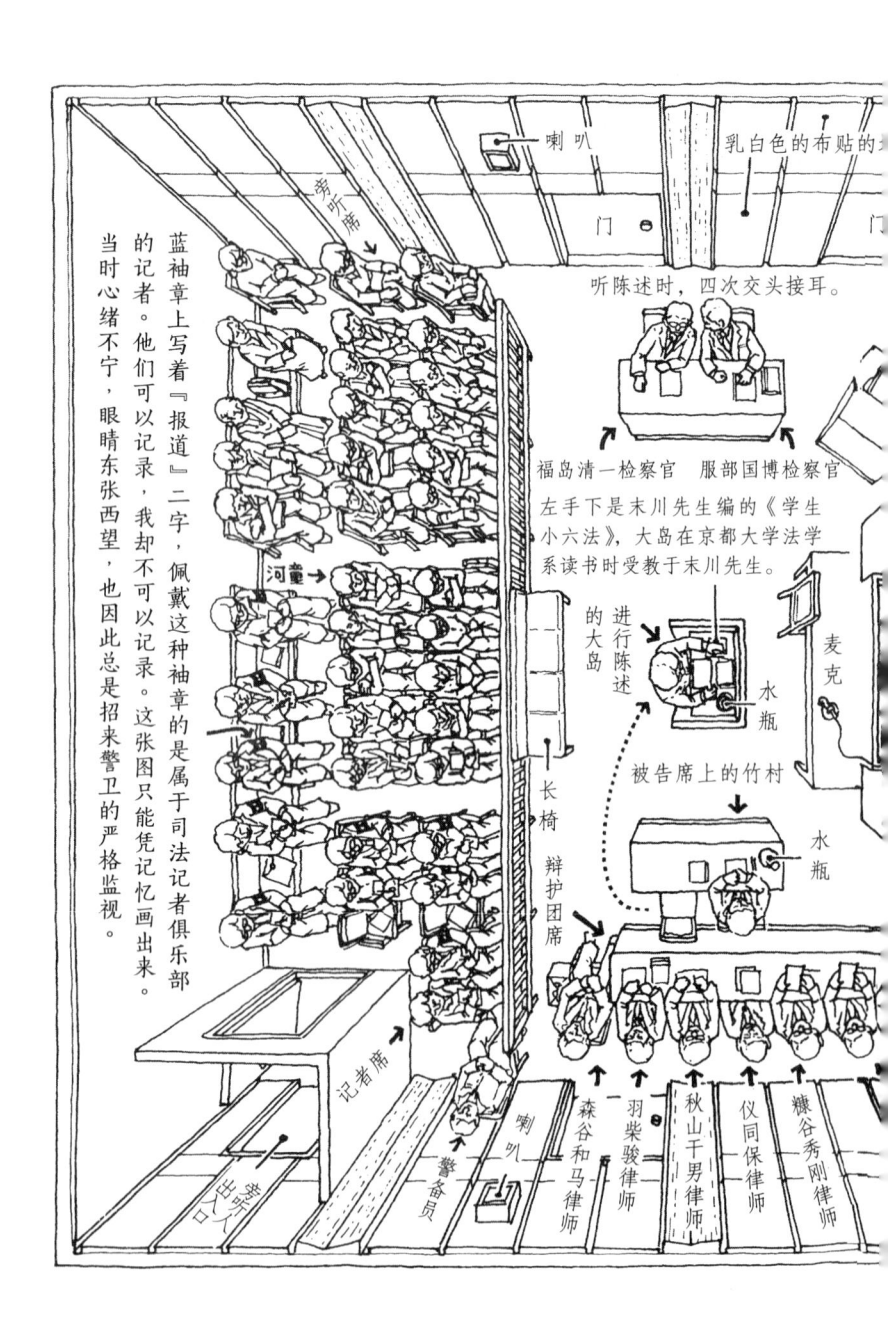

蓝袖章上写着『报道』二字，佩戴这种袖章的是属于司法记者俱乐部的记者。他们可以记录，我却不可以记录。这张图只能凭记忆画出来。当时心绪不宁，眼睛东张西望，也因此总是招来警卫的严格监视。

旁听席

河童→

记者席

警备员

喇叭

出入口

喇叭

乳白色的布贴的门

听陈述时，四次交头接耳

福岛清一检察官　服部国博检察官

左手下是末川先生编的《学生小六法》，大岛在京都大学法学系读书时受教于末川先生。

进行陈述的大岛

水瓶

麦克

被告席上的竹村

水瓶

长椅 辩护团席

糠谷秀刚律师

仪同保律师

秋山千男律师

羽柴骏律师

森谷和马律师

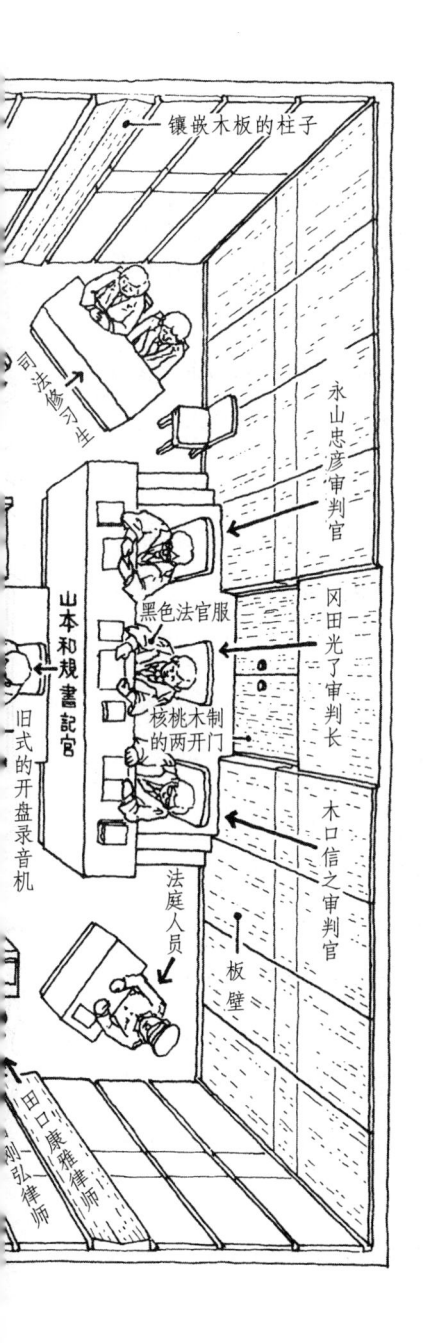

是关于维持法庭秩序的法律（简称"法秩法"）。然而，找来找去，也没有找到"禁止记录"的字样，也就是可以说禁止记录是没有法律根据的。

可是法庭方面说"法秩法"第二条中有"为了维持秩序，对法庭命令不执行或者明显不服从者所采取的措施……"云云的行文。他们在行文的"法庭命令事项"中随意编织了"禁止记录"，其结果对不从者，要么勒令退庭，要么给予处罚。事实上，我也曾险些被勒令退庭。

我通过"人权110"结识了自由记者千代丸健二先生，他对法庭审判非常熟悉，我向他请教："和一般旁听者不同，我们这样抱有采访目的的新闻人，如果要做审判记录会怎样呢？"他说："即使是新闻人，如果不属于司法俱乐部的记者,和一般的旁听者一样,要受到歧视的待遇——不许记录。"

把禁止记录当成金科玉律的法庭,如果发现你在记录,立刻就令你退庭,于是引起一场小的骚动。但是要说所有的审判长都禁止记录,那也不符合事实。

禁止记录没有明文规定,审判长不同,处理也不同。很多法学家和相关执法者都认为这种做法违背了公开的原则,甚至有"违宪嫌疑"。所以未必所有的审判长都抱有禁止记录的想法。以前在东京地方法院的法庭上,藤野丰审判长对旁听席说:"各位旁听者,如果你想记录,请便,可以记录!"特意提示你记录。

有的审判长即使不这样说得很清楚,也默许记录和录音。

在法庭上,一般委托给各位审判长来维持审判的秩序,往往在法庭上反映出法官对法的思考和其人格。把"自己是法官"的意识弄歪了的人,一心要控制法庭,他的强权行为让人震惊。遇上这样的法官,你就认倒霉吧。他摆出一副"只有得到我这个法官允许,你们才能旁听"的架势,你要想记录当然要被禁止了。

把审判委托给这样的法官是可怕的,而且可怕得不得了。对这种不可理喻的法官,我们必须不断地陈述审判本来应有的样子,维护审判的公正。

昭和五十一年1月30日,东京地方法院第九部大久保

这是举行"《爱似斗牛》审判"的东京地方法院刑事一部第 501 号法庭的走廊。这里到处禁止摄影。只是法庭里禁止记录，但这走廊里可以速写。警备员多次怀疑地向我走过来。午休、休庭时门上上锁。

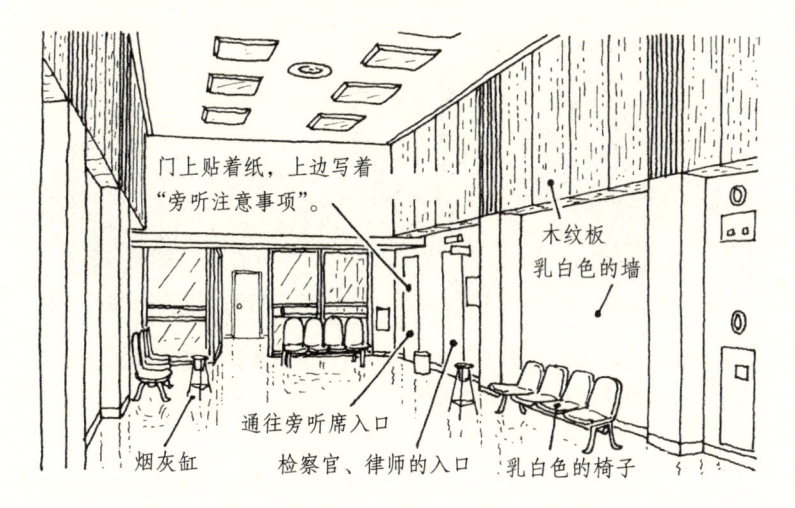

门上贴着纸，上边写着"旁听注意事项"。

木纹板
乳白色的墙

烟灰缸
通往旁听席入口
检察官、律师的入口
乳白色的椅子

太郎审判长的法庭上，千代丸健二先生为了采访"土田·日石·和平牌香烟罐炸弹事件"，带录音机到旁听席，没有躲躲藏藏。当然他知道"刑诉规则"第 215 条的"未经允许不许录音"的条文，后来被发现，勒令其"停止使用"。

此后，千代丸健二先生还多次想搞个明白，开始抗议禁止记录的规定，认为"禁止旁听者记录是违反宪法的"。现在他仍然坚持这样的观点，继续抗议。

不仅禁止记录，在古里古怪的审判长控制下的法庭上被宣布退庭的情况格外多。两年前，有人穿圆领衫旁听。

审判长："你的着装与法庭要求不符，我命令你退庭。"

曾有一部以"八海事件"为原型拍摄的电影《白昼下的黑暗》，其中结尾的场面，抓着铁丝网的被告绝望地喊叫："还有最高法院！"现在还能这么说吗？

（建在三宅坂的最高法院大楼）

堂堂大石头筑起的建筑。与皇居隔护城河相望。每逢路过此地都联想起巨大的坟墓，也许是因其形状吧。

（似乎把他穿的衣服当成了内衣。）

穿圆领衫的青年："？……"

律师："审判长，这个人穿的是现在一般人穿的极普通的衣服，不是内衣。我认为这服装不构成问题……"（一边惊讶，一边辩护。）

审判长："今后要穿上好上衣，系上领带再来。"（这回侥幸逃过了退庭的处罚。）

同一审判长还有一次宣布退庭的事。这事发生在东京地方法庭。

旁听席上坐着一个穿大衣的青年。

审判长："在法庭内你要脱掉大衣。"

青年："我得了感冒，这里很冷，请你允许我穿着大衣旁听。"

审判长："你有医生的诊断书吗？如果得了感冒，还是不要来这种地方好，如果你不听从命令脱掉大衣，我命你退庭，立即退庭。"（律师介入交涉，那个青年只好脱掉大衣，才得以继续旁听。）

此外，还有对审判长入庭时未起立者而令其退庭的情况，律师看不下去，说"我认为这太过分了"，以示抗议，立即被呵斥，"禁止你发言！""不听我的话，你也退庭！"

我大吃一惊，说："难道连律师也要被勒令退庭吗？"人家告诉我"这没有什么稀奇的。由于审判长不同，让律师退庭也是常有的事"，这让我再一次惊讶。

还有因为鼓掌而被勒令退庭的。

第一次的"《爱似斗牛》审判"就有人鼓掌，于是就对他发出了退庭的命令。不仅退庭，还对旁听者下了监置的命令。

被告竹村申诉一结束，有个青年感动得鼓起掌来。

审判长问："是谁鼓掌？"坐在旁听席上的竹中劳答道："是我。"审判长："我命令你退庭！"他说："行啊，反正申诉也完了。"正要出去，警备人员跑过来捉住竹中的手臂，竹中大骂："住手！混账！"这时审判长大声喝道："监置！"（监置就是拘留在法庭内的监置所里，拘留20天，或者处以3万日元以下的罚款，或者二者并罚。）竹中劳被罚了3万日元，当天释放了。

我们想旁听是那种让人感到原来如此的审判。

大岛渚最后是这样说的:"我绝不是为了我一个人,而是为了全体日本人,在争取作为一个自由人想看就看的权利,想听就听的权利,想读就读的权利,殷切希望这次审判能够竭尽诚意,进行充分辩论,在此结束我的申诉。"

以"《爱似斗牛》审判"为开端,今后让人牵肠挂肚的审判还会很多,要不断地旁听下去。

如果你认为自己和审判无关,一定要读读以下这些书。

后藤昌次郎著《冤狱》《错误的审判》(岩波新书)。

青地晨著《恶魔的时间——六个冤枉事件》(筑摩书房)。

其他还有很多,反正先找一本读读,也许你能重新考虑"审判"的意义。

(1978年3月)

后来,在1979年10月19日的审判中,东京地方法院以"根据现代社会的理念不构成猥亵"为由,判竹村、大岛二人无罪。检察官方面对此判决不服,进行了上诉。

钥匙和锁

在欧洲，常常能看到房门外挂着的"钥匙"，心想一定是配钥匙的店铺，其实大错特错，那是旅馆的招牌。

上前一问，方知言之有理。原来那是"本旅馆为旅途中的您提供安全的房间，确保您的隐私"的意思。

在西班牙的贝伦住宿处，名字竟然是"钥匙旅馆"，实在令人快活。西班牙文为：HOTEL SCHLÜSSEL。

听说欧洲人中德国人最喜欢钥匙。一般旅馆方面都是给客人一把钥匙，在柏林住在民家（客房为一间普通的房子），是四把一串的钥匙，其重量和数量让我感到惊奇。

看到我吃惊，中年妇女微笑着，客气地给我做了解释："这是从公路进入大楼正门的钥匙。这是二楼走廊的钥匙。这是开我家门的钥匙。这最后一把是你房间的钥匙，只有你自己才有。把这儿当成你的家，放心地住吧！"听她这么一说，的确叫人放心。可是，每天拎着钥匙串哗啦哗啦作响，并且要依次打开四把锁才能走进自己的房间，真的让我感到有点麻烦。

在维也纳住宿也是这样，这里是三把钥匙。要进到自己的房间，也要分辨三次钥匙后，再把钥匙插进门上的钥匙孔，才能打开房门。

我心想，需要这么多钥匙，社会治安一定很糟吧？其实不然，钥匙与社会治安毫无关联。对于他们来说，"钥匙和锁"是保护自己的隐私与安全的象征。

人们对于"钥匙和锁"的想法如此不同，无形中让我对其兴趣大增。从那以后，在旅途上发现生了锈的钥匙和锁，我都高高兴兴带回家中，并乐此不疲，家里人对此举却大皱眉头，颇感不可思议。

尽管这些钥匙和锁都不过是我收藏的破烂，但是，我从中也窥视到东西方的人们在生活方式、精神构造、审美情趣等方面的差别，的确还真够有意思的。

"钥匙和锁是什么时候出现的"，这点我根本不清楚。有位学者说："两根木棍交叉就表示加封条的意思，这可以看成原始形式的锁。"我不置可否，心存疑问，"果然能把这视为锁的起源吗？"

打开《百科全书》一看，上边介绍了一种世界上最古老的木头锁，说是四千多年前的古代埃及的锁和钥匙，还附有插图。

查其他的书，一种说法是意大利人约瑟夫·鲍诺密写的书

钥匙和锁 | 81

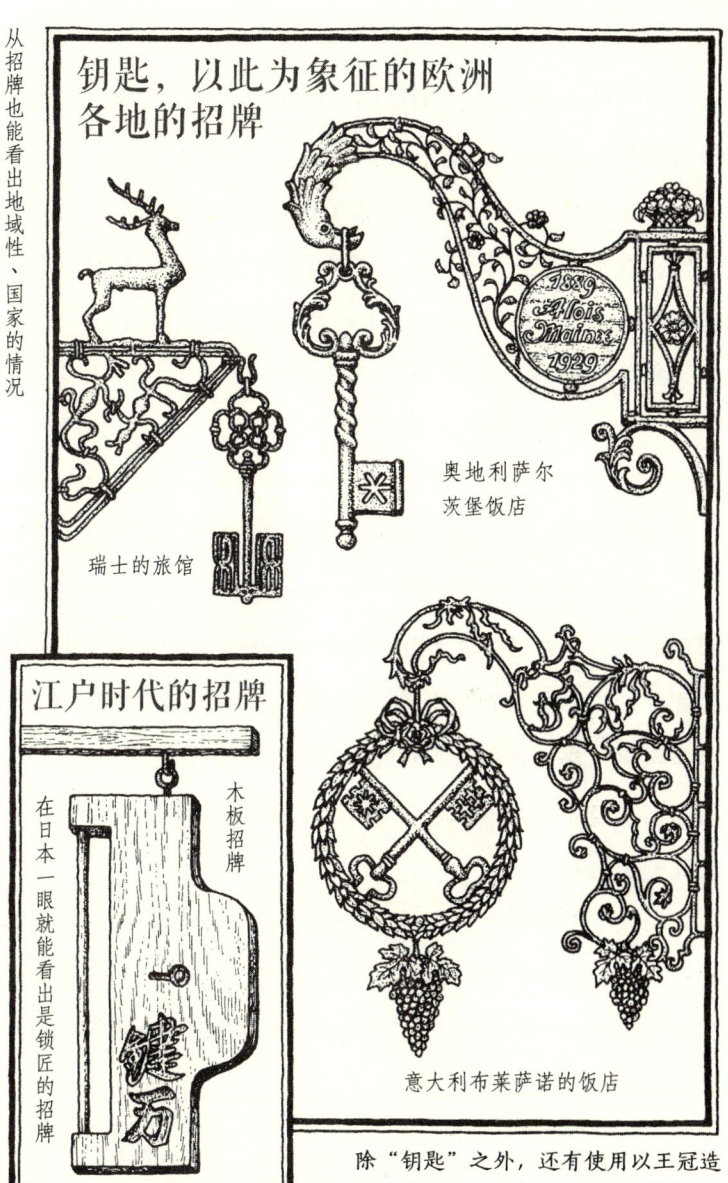

钥匙，以此为象征的欧洲各地的招牌

从招牌也能看出地域性、国家的情况

瑞士的旅馆

奥地利萨尔茨堡饭店

江户时代的招牌

木板招牌

在日本一眼就能看出是锁匠的招牌

意大利布莱萨诺的饭店

除"钥匙"之外，还有使用以王冠造型的招牌的饭店，想表明"那是门第高"。

中记载:"锁是从萨尔贡王宫①遗址的废墟中发现的,另一种说法是埃及的卡纳克神庙②的壁画上画的锁,和萨尔贡王宫的锁极其相似,那是世界上最古老的锁。"

除此以外再就没有什么线索了。有人建议我去问问堀英夫先生。堀先生是赫赫有名的"堀商店"的店主,人称日本制锁行业第一人。

我先问:"这个所谓的埃及锁……"

"那是谎言!"

"什么?是谎言!"

"说什么在《百科全书》上写着的就该相信,那是错的。"

"美国有个叫耶鲁(弹子锁专利得主)的锁匠,为了宣传自己的店铺,弄了一本《锁的历史》小册子,把描写出来的似是而非的内容散布到全世界。埃及锁是世界上最古老的木锁,根本没有足够的证据,你想想看,四千多年前的木头玩意儿,原状怎么会被完好无缺地给挖出来了呢?我更不知道有什么卡纳克神庙的壁画。"

堀先生也许是出于他制造实物锁的职业本能,又说"请不要把推测和可能性与事实混为一谈。所以在集中了数量庞大的堀先生的收藏品的资料室里,不论哪一件藏品都没有附带的说明

---

① 萨尔贡王宫:古代西亚两河流域的古迹。大殿刻有描绘宫廷生活和皇帝狩猎的浮雕。
② 卡纳克神庙:古埃及底比斯的阿蒙神神庙。

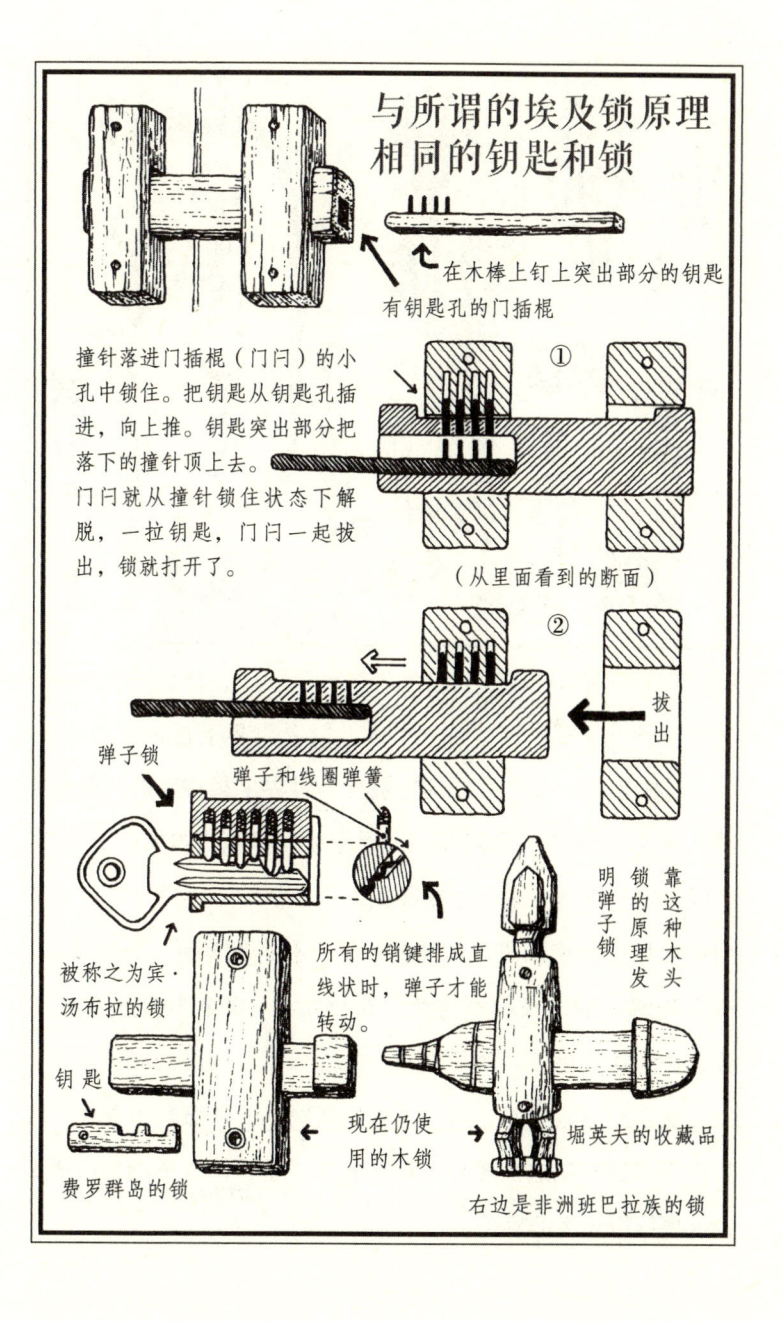

与所谓的埃及锁原理相同的钥匙和锁

在木棒上钉上突出部分的钥匙

有钥匙孔的门插棍

撞针落进门插棍（门闩）的小孔中锁住。把钥匙从钥匙孔插进，向上推。钥匙突出部分把落下的撞针顶上去。门闩就从撞针锁住状态下解脱，一拉钥匙，门闩一起拔出，锁就打开了。

① （从里面看到的断面）

② 拔出

弹子锁

弹子和线圈弹簧

被称之为宾·汤布拉的锁

所有的销键排成直线状时，弹子才能转动。

靠这种木头锁的原理发明弹子锁

钥匙

费罗群岛的锁

现在仍使用的木锁

堀英夫的收藏品

右边是非洲班巴拉族的锁

加洛林王朝时的锁　　罗马锁　　拉丁锁

← 据说是罗马时代的戒指钥匙

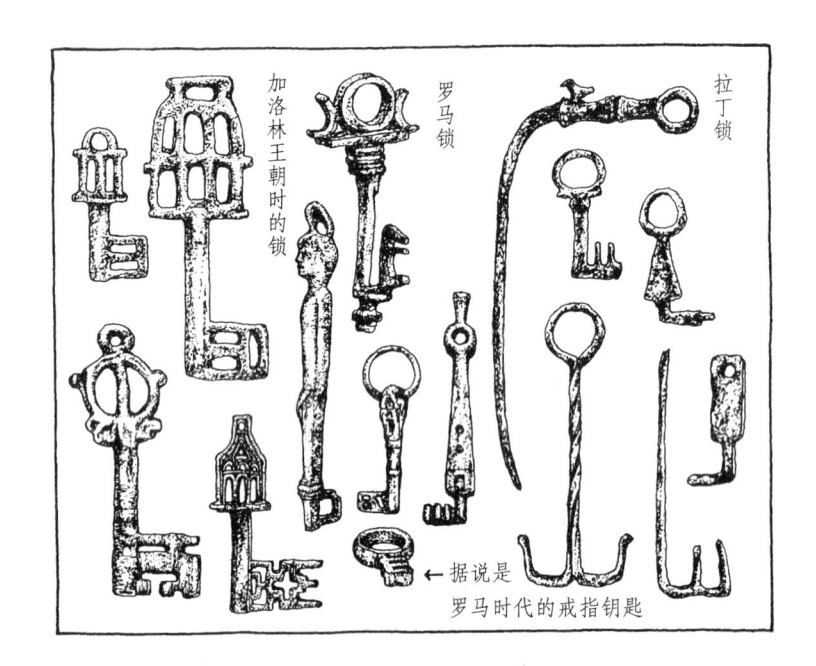

文字。

其中也有木锁，其原理与被称为世界上最古老的埃及锁相同。他说："是的，原理相同。看上去好像相当古老的玩意儿，实际上没有那么古老。这是英国北方费罗群岛上的锁，这是非洲撒哈拉沙漠南的班巴拉族的木锁，相同的东西，南北都有。哪个先哪个后，我说不清楚。在形状上，班巴拉族的锁古老些，作为锁进化了不少。"

我在欧洲旅行时，参观了各地博物馆，从照片和资料上收集到很多锁和钥匙的图样，现在整理一番，加以描绘，这样做也许要挨堀先生的骂。

钥匙和锁 | 85

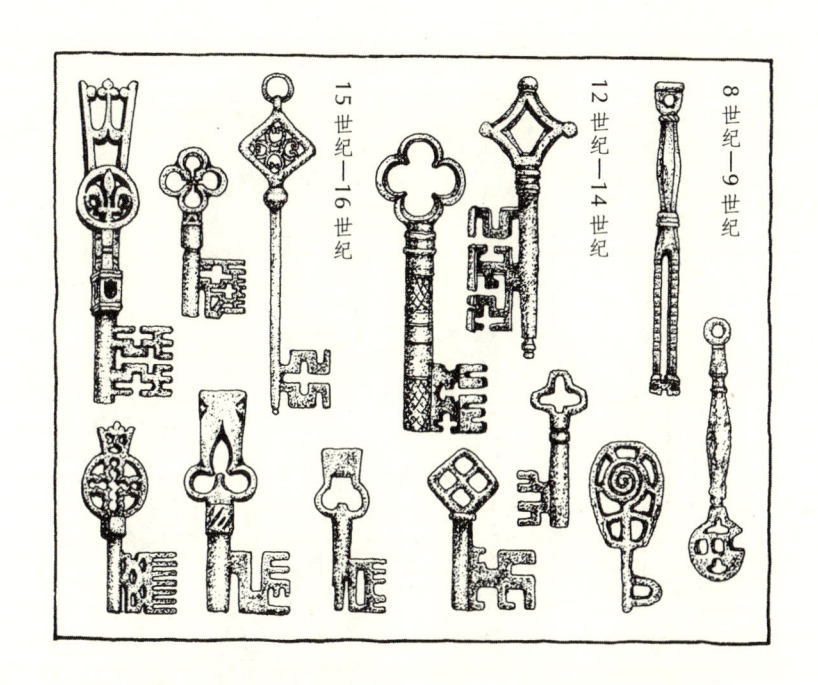

　　这里的钥匙数量可观，形态各异，只是我所收集的极小一部分。随着历史的发展，其钥匙的形状也在改变。通过钥匙想象其时代背景、社会结构，我可以自得其乐。首先，正如你所看到的拉丁人的钥匙，它形状简单，头呈圆形。在罗马时代，可以看出在钥匙的各个部位添加了装饰，同时有机械性的进步。12世纪的哥特时代以后出现十字或三叶草型的钥匙，带有宗教色彩，形态日趋复杂。文艺复兴时期到18世纪的钥匙，在开锁的原始功能基础上，作为艺术品，进一步向华丽的方向发展。拥有这样漂亮钥匙的是在那个时代里拥有巨大权力和财力的教会、国王、领主和贵族们。钥匙有了钥匙以外的意义，

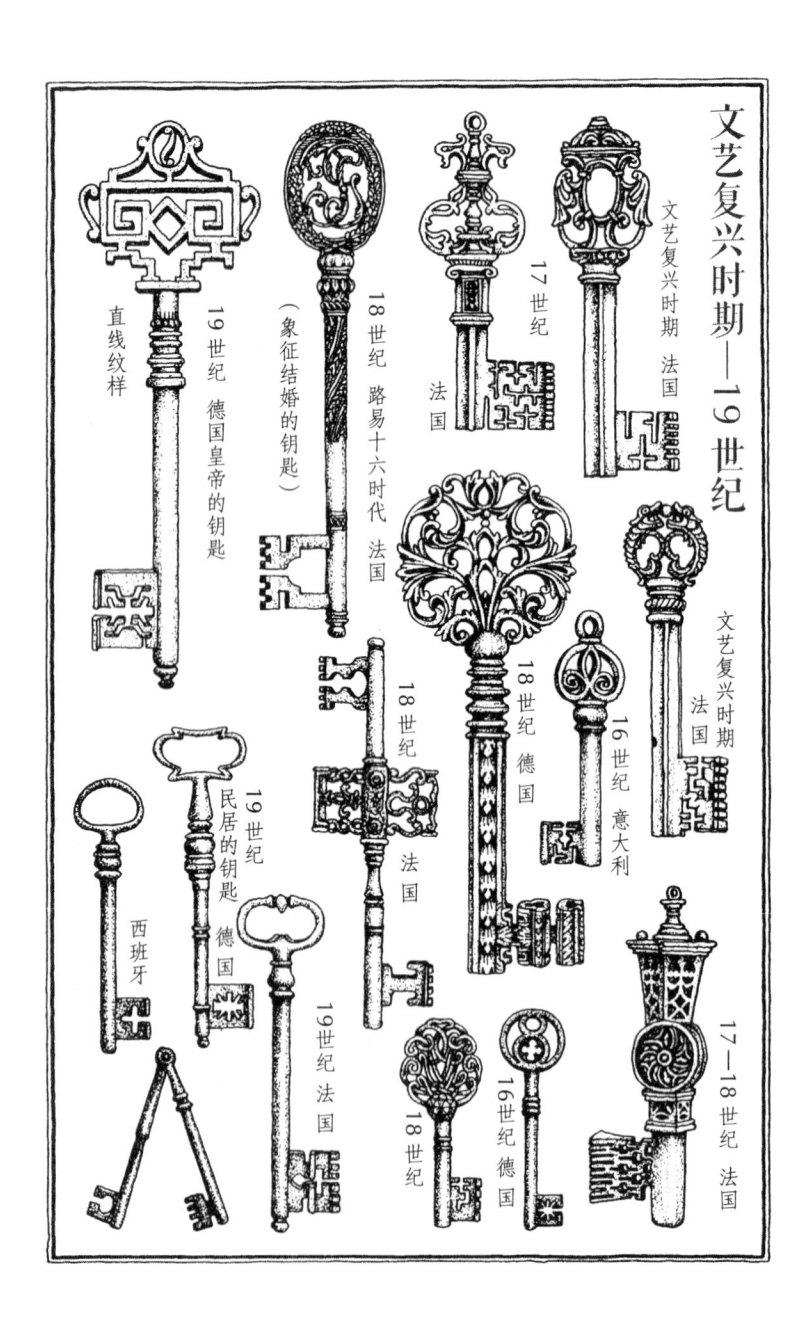

文艺复兴时期—19世纪

- 直线纹样
- 19世纪 德国皇帝的钥匙
- （象征结婚的钥匙）
- 18世纪 路易十六时代 法国
- 17世纪 法国
- 文艺复兴时期 法国
- 西班牙
- 19世纪 民居的钥匙 德国
- 19世纪法国
- 18世纪 法国
- 18世纪 德国
- 16世纪 意大利
- 文艺复兴时期 法国
- 18世纪
- 16世纪 德国
- 17—18世纪 法国

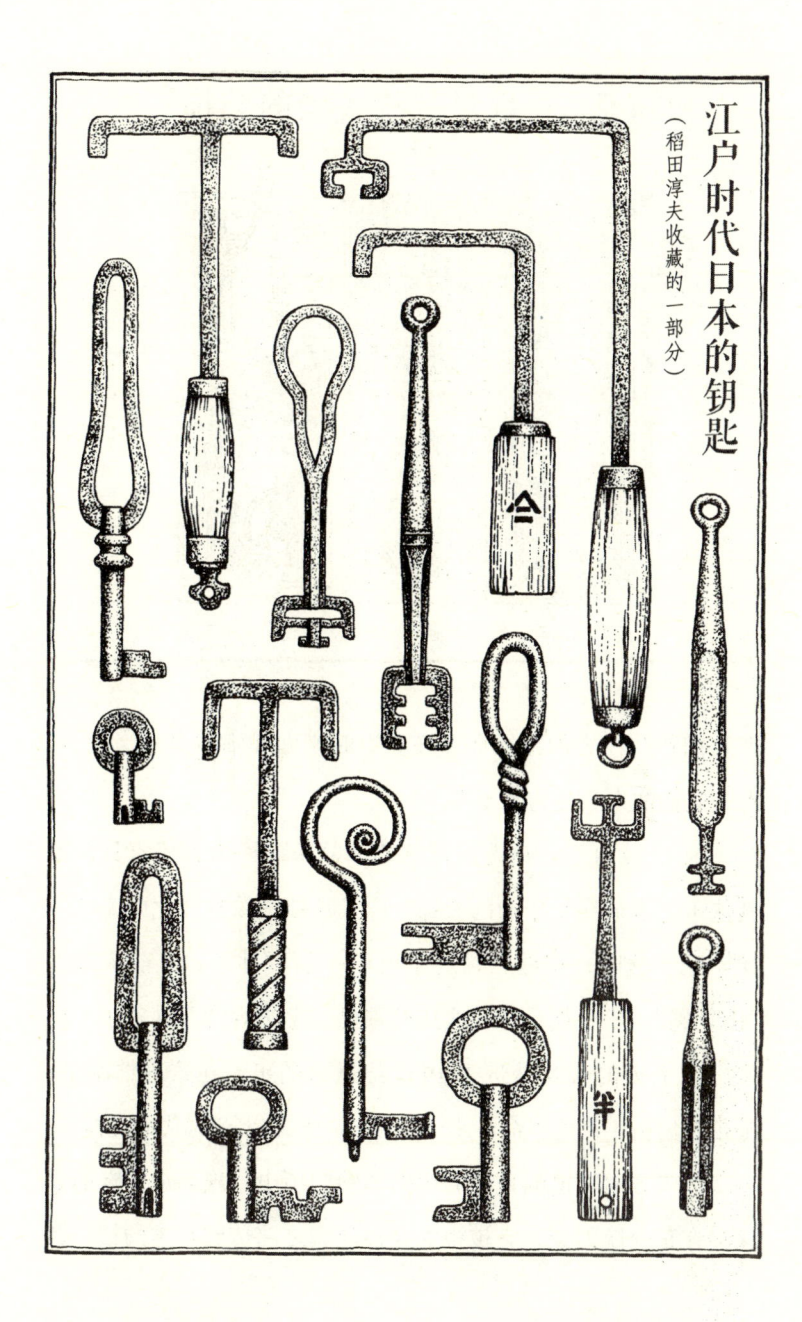

江户时代日本的钥匙
（稻田淳夫收藏的一部分）

钥匙和锁 | 87

西班牙 16 世纪哥特式锁的装饰

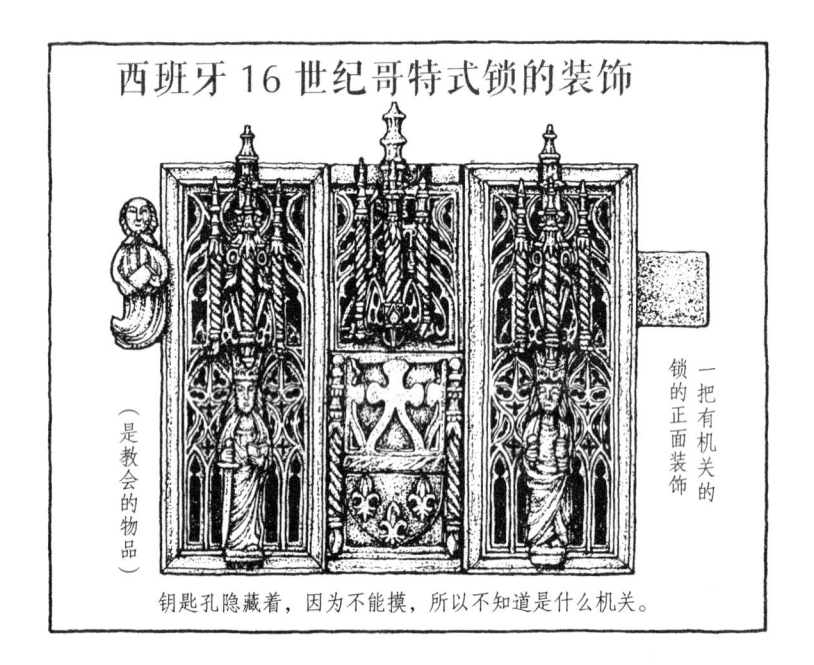

（是教会的物品）

一把有机关的锁的正面装饰

钥匙孔隐藏着，因为不能摸，所以不知道是什么机关。

即它们作为权力的象征而存在。当时钥匙和锁本身相当昂贵，拥有它们的人当然为数不多。

到了19世纪，钥匙的形状趋于简单，因为大楼家具以及其他工艺也放弃了华丽的装饰。样式从曲线纹样转化到直线纹样。到了这时，钥匙和锁终于属于一般百姓了。此前俗称的"南京锁"，一种能悬挂的实用的锁已经走进寻常百姓家了。民家门上上锁的普及是进入19世纪以后的事，在这种情况下，不难看出由于产业革命带来了向急剧的机械生产时代的过渡。

另一方面，追溯日本的钥匙和锁的历史，现存最古老的是保存在正仓院的锁，它被视为经过丝绸之路传到日本的锁。此

日本的锁装饰 江户时代后期

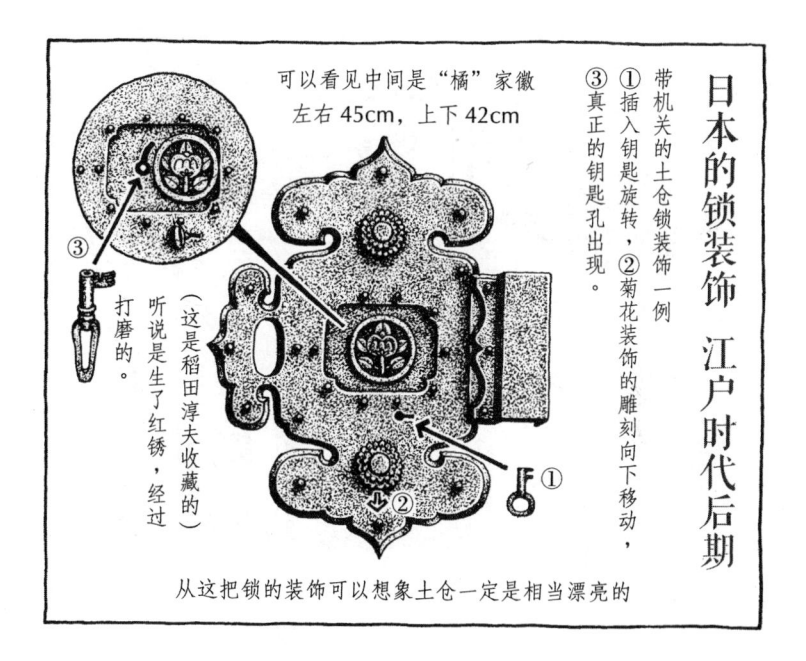

① 带机关的土仓锁装饰一例
② 插入钥匙旋转，菊花装饰的雕刻向下移动，
③ 真正的钥匙孔出现。

可以看见中间是"橘"家徽
左右45cm，上下42cm

（这是稻田淳夫收藏的）听说是生了红锈，经过打磨的。

从这把锁的装饰可以想象土仓一定是相当漂亮的

外作为文献，建筑法隆寺时的资料上有"钥肆拾口，镶子拾口"的记录，虽然不清楚钥肆是什么形状，但知道是门上用的锁，镶子是土仓用的锁。此后再也没能见到锁在日本的发达。

作为日本制造的"和锁"（日本锁）是从中世到江户时代才发达起来。听人说稻田淳夫收集了这方面的资料，我即前去拜访。与我收集的破烂相比，他的收藏是上档次的，非常壮观。

把欧洲的钥匙和日本的钥匙做一比较，非常有意思。欧洲钥匙富于装饰性，日本钥匙的形状单纯明快，明显地看出二者的审美意识不同，钥匙所隐含的象征意义也不同。

然而在日本，土仓、钱箱、柜橱的钥匙有保护财主财产的

印度

巴基斯坦的大虾锁

正仓院的锁，采取这种方式。

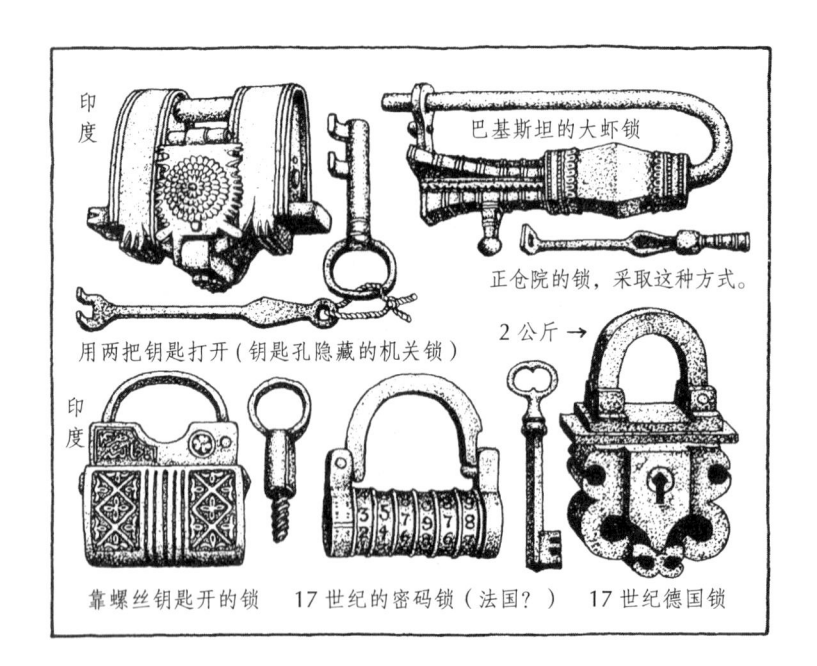

用两把钥匙打开（钥匙孔隐藏的机关锁）

印度

2公斤→

靠螺丝钥匙开的锁　　17世纪的密码锁（法国？）　　17世纪德国锁

功能，同时也是作为"富有的象征"而存在的，在这点上和外国没有不同。

日本在钥匙上没有装饰性，但可以看到柜橱上的金属件。土仓的锁上都有带有个性的浮雕，上边刻着"家徽""宝"等文字和"仙鹤、龟"的图案，让人明显意识到那是一种美术工艺的体现，是"富裕的象征"。

在日本，锁进入平民生活中，始于装在家具上的锁，就是日本柜橱上的锁。

家具店主这样说道："以前作为嫁妆的柜橱必定带着锁。因为当时有街上婆婆窥视柜橱里面装有什么的风俗，这把锁保

日本的各种锁

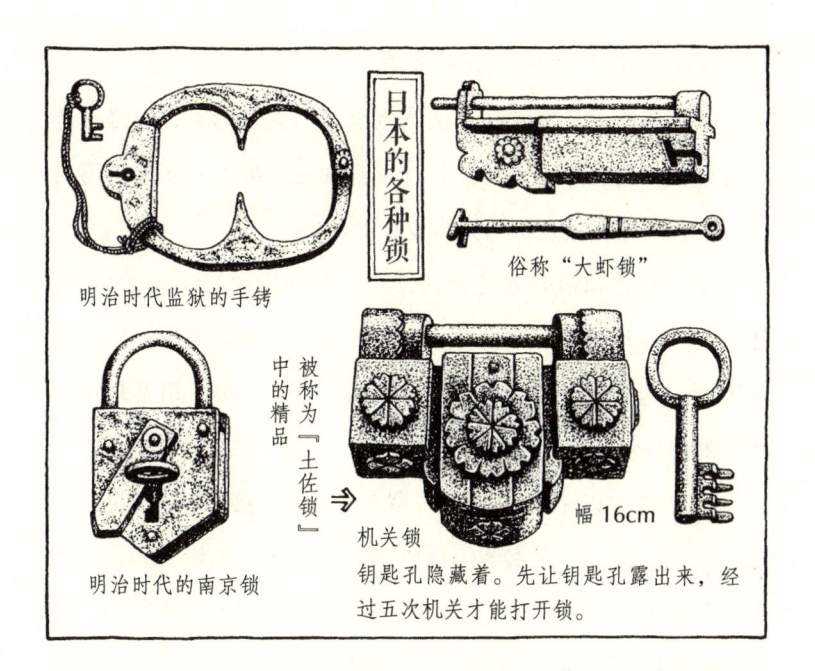

明治时代监狱的手铐

俗称"大虾锁"

明治时代的南京锁

被称为"土佐锁"中的精品

机关锁
钥匙孔隐藏着。先让钥匙孔露出来，经过五次机关才能打开锁。

幅16cm

护了仅有的一点隐私。可是最近日本家庭结构改变，核心家庭化的同时，家具上的锁也就不需要了。

　　锁用来锁门的功能很晚才在日本普及。即便是城里，一般也是在进入昭和时代以后的事了。那锁也是螺丝式的，很粗糙。

　　在此以前，用门闩和"心张棒"来锁门，那是一种屋里有人时从里面锁的玩意儿。外出时，一定要留下人看家。即使现在，有的老人也讨厌家中无人，这就是普通家庭"插门"的感觉。"插门"就意味着这家和外部隔绝，在他们的家中看不到保护个人人格和权利的锁。

　　只有一个地方有锁，那就是厕所。那里有把横向一滑的棍——叫"猴门"的锁，保护了隐私。

就是现在去日本农村，虽然也有房门无锁的家，但是在那种地方，只要有外人来，全村马上都知道。那种封闭的村落构成一个共同体，信息沟通充当着锁的功能。

在对钥匙和锁的思考中，日本和其他国家更不同的地方，并不在于对其功能的评价和认识，而在于所象征的精神性的意义不同。德国法制史专家戈力姆说："在平民中，钥匙是主妇地位的象征。"

这是自古以来在中国、古罗马、日耳曼民族中存在的思想。主妇是家务的主宰者。所以新妇一上任就被授予钥匙。不论在德国的古法典中，还是在后来其他欧洲国家的法律中，都有与之相同内容的法律条文，并得到认可。

平民所持有的钥匙，和教会、王公贵族作为权力象征所拥有的豪华的钥匙迥然不同。平民的钥匙虽然样式非常朴素，但它的象征意义重大。他们拿的是粮食仓库、盛放家务必需品箱子的钥匙。

在日本，象征主妇地位的是"木饭勺"，媳妇从婆婆那里继承了"木饭勺"，就意味着其地位得到了承认。

但是对比一下钥匙和木饭勺，其意义相差很大。只有从婆婆那里接过木饭勺，媳妇的权利才能得到承认，如果它在婆婆手里，那意思就是"你不能掌管木饭勺的话，你就得离开这个家"的意思。

契诃夫的话剧《樱桃园》中的第三幕，料理家务的瓦尼娅把钥匙串扔到地板上的场面，就是放弃其权利的表现。

易卜生的《玩偶之家》中的娜拉也是放下钥匙串离家出走的。

看了这些戏剧、小说、文献，自然会明白钥匙的意义超出了它的单纯的仅仅用来开锁的物质上的意义，而是有很丰富的精神内涵的。如今在日本家门上装锁，不论谁出门都带着很多钥匙，特别是城市的生活方式迅速地向所谓欧美靠拢。然而在我们成长的土壤中，没有他们那种钥匙和锁具有的思想性。正是由于这种缘由，我甚至没有能够充分理解钥匙和锁功能上的价值。比如电视和家具，即由自己来选，但是没有人会选择自己家门上安什么样的锁。人们受锁是门上的附属品的想法左右，锁就委托给别人。如果要选择，也是选那种不怎么费钱，看不见其内容的、外观看上去好就行的那种锁。

有的人相信"德国锁世界第一"，甚至近乎迷信，有的人则是不论什么物件，一旦起了个锁的名字，就过分相信，我想还是要多留点神的好。

报纸上有"小偷搞坏门上的钥匙侵入……"的报道，一般人都不认为这段文章有些奇怪。"钥匙"是用于开锁的。在门上安装的是"锁"，绝不是"钥匙"。

这并非是一个说："唉，算了吧！"就可了结的错误。

（1978 年 8 月）

皇居探秘

窥视皇居，那可是不妥之词。我心里掠过一丝不安。因为我们这代人谁都知道：早年这么说，那就是对天皇犯下了不敬罪。这可是令人感到可怕的罪状，所以以前别说把窥视付诸行动，就是想想也要感到后怕呀……可是，现如今……

我觉得皇居开放的程度大小是有其特殊含义的。朋友们聚会闲聊，问到"你要瞧瞧哪儿？"答曰"皇居"，压倒一切，堪称第一。

年轻人不知道曾有过不敬罪，也把皇居当成掩人耳目的地方，极少有机会能得一见，并且它也是被作为"圣域"而保留下来的，也是历史的佐证。

听说我要"窥视"皇宫，这个人说宫内厅有熟人，能帮我这个忙；那个人说通过新闻界的关系，联络记者俱乐部什么的，为我行个方便。但是我拒绝了一切帮助和方便，最终还是决定在与"一般人相同的条件"下，自己一个人去试试。

我先到坂下门，后到桔梗门拜访宫内厅，两边都问我："你要见宫内厅的哪位？"结果没有能够跨进皇居警察护卫的门里一步。说来也的确理所当然，同其他官厅相比，这里的门卫很严。这也不是说一般人进出的门一个都没有。不论谁都可进出的门有三个，即大手门、平河门、北桔梗门。这些都是为了参观开放的东御苑而设的门，除周一、周五休园和节日，每天上午9点到下午3点开放。这个东御苑不过是附属于皇居的一部分，我想看的是所谓更接近"圣域"一些的场所。

结果，我决定加入正月的"一般参贺"，仔细看看皇居内部。事先打听了一下，得知不许停留、画速描，但是可以带相机。就等着1月2日那天了。

二重桥前设有关卡，检查人们携带的物品。女性的手提包都要打开看看，我的相机箱被打开，相机和备用镜头全部被取出，对箱底也做了检查，不知为什么还对我进行了搜身。

大喇叭里重复地提醒着"慢点走，队伍不要乱""请不要停下来"。在缓慢移动参贺的队伍两侧，便衣警察筑起了人墙，眼睛滴溜溜地转动。

我看什么都是新奇的，随便按动着相机的快门。便衣警察的胸牌也各种各样，有带樱花标记的警视厅的刑警，有身材高大、要人警卫模样的皇宫特警，还有为皇宫附近的丸之内警署的警官等。他们手持步话机，戴着耳机。到处还竖立着监视用

桥为双重,所以称为"二重桥",非也!古时候,木桥时代,用双重横梁支撑,故而得名。

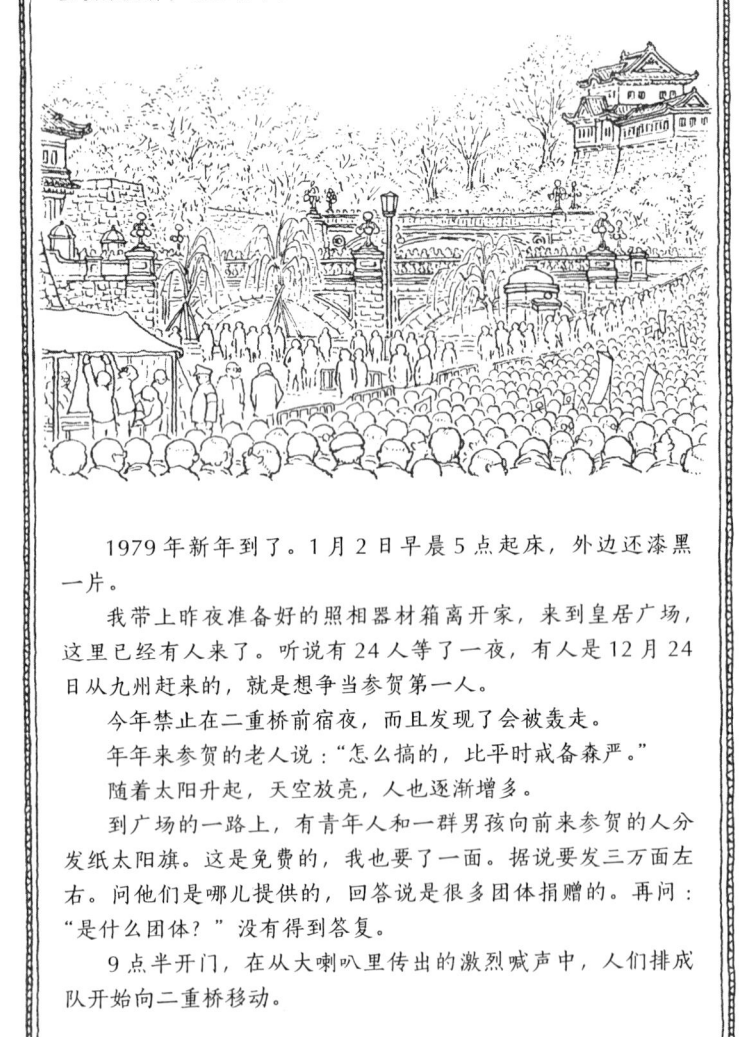

1979年新年到了。1月2日早晨5点起床,外边还漆黑一片。

我带上昨夜准备好的照相器材箱离开家,来到皇居广场,这里已经有人来了。听说有24人等了一夜,有人是12月24日从九州赶来的,就是想争当参贺第一人。

今年禁止在二重桥前宿夜,而且发现了会被轰走。

年年来参贺的老人说:"怎么搞的,比平时戒备森严。"

随着太阳升起,天空放亮,人也逐渐增多。

到广场的一路上,有青年人和一群男孩向前来参贺的人分发纸太阳旗。这是免费的,我也要了一面。据说要发三万面左右。问他们是哪儿提供的,回答说是很多团体捐赠的。再问:"是什么团体?"没有得到答复。

9点半开门,在从大喇叭里传出的激烈喊声中,人们排成队开始向二重桥移动。

电视摄像机，似乎是无线电式的，能自由转变角度的那种。

要过二重桥时，突然就把我一个人从队列中叫出来，再一次打开相机箱，彻底检查。警察虽然说话挺客气，但是架势有点气势汹汹。我好像被视为可疑分子。

来到天皇发表贺词的新宫殿前的广场时，我被第二次带出队列检查。我觉得就自己被人瞄上，盯上了梢似的，实际上我听到了步话机述说我的衣服和长相的声音。第二次被查时，问道："你有没有身份证或者能证明身份的证件让我看看。"早晨离家时家人说："你把护照带上，可以代替身份证，说不定能用得上。"带护照来还真对啦！要不然，还不让人当成笑话来说。"哎！你叫河童，真的吗？""这可是真的护照啊！可你们怎么老只查我一个人？""这个嘛，你所感兴趣的、拍照的地方和一般的参贺者完全不同，如果有什么……我们是这么想的，你也别不高兴，今年要特别注意加强警戒。"

为什么警戒异常，警察个个绷紧神经，这个谜在第二天的报纸上得到了回答。1月3日的早报，在报道了参贺者有35400人之后，提到由于警方接到了"过激派要在皇居里散发反对天皇制的传单闹事"的情报，所以警备异常森严，是往年所没有的。

然而，当天什么也没有发生。

不知道是否真的有那种情报，在那个时期要是散发"反对元号法制化"的传单倒是不足为怪。是不是为了防备其发生，

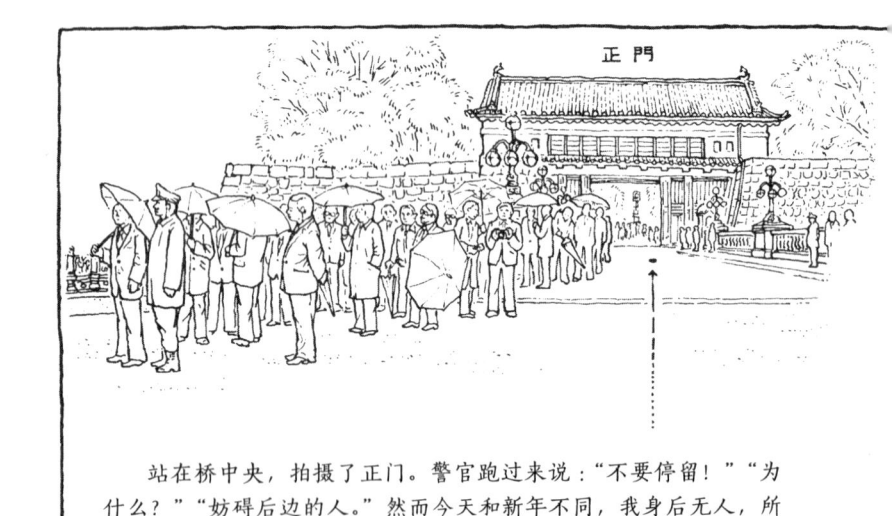

> 正門
>
> 站在桥中央，拍摄了正门。警官跑过来说："不要停留！""为什么？""妨碍后边的人。"然而今天和新年不同，我身后无人，所以我停下来……戒备森严无可厚非，但若不恰如其分的话……

才做这样的安排的。

另一种可能是，有消息说："因为6月份要举办西方七国首脑会议，借皇居一般参贺的活动，来进行实战性的警备预演。"后来东京西方七国首脑会议警备过头的情况成为全世界的话题。说不定事实就是如此。

我去看皇居，不但是看建筑物的皇居，还包括皇居所具有的警备特殊性。

作为建筑物的皇居，不论是新宫殿，还是被称作二重桥的正门的石桥和铁桥、伏见橹、富士见橹都在照片上见过了，所

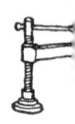

皇居探秘 | 99

带雨刷的 ↓

1979年4月29日
正门石桥前的警备

为了第二次采访，按照"一般参贺"，在天皇生日那天访问了皇居。因为下雨，与新年相比，来人非常少，在这种情况下警备人员也露面了。在他们中间穿行，把相机对准他们是需要勇气的。

→

以初次见时的感觉很平淡。可是，来了之后也确有不明之处。

上午10点10分，在接见阳台上，天皇一家隔着玻璃进行了第一次贺年。人们挥舞着太阳纸旗，"万岁！万岁！"的声音接连不断。这种景象和每年电视播放的场面、报纸上刊登的照片完全一样。隔着广场，对着新宫殿的正面有个高台子，各个报社的摄影记者都站在那里，排成一排，都在拍摄这个场面，所以是客观报道。不过第一次天皇接见时，我没有在意，后来醒过味来，在新宫殿广场一直待到下午 3 点 50 分，最后一次天皇贺年为止。

上午三次，下午五次，天皇这一天要进行共计八次贺年接见。每次天皇的致辞虽有微小变化，但基本内容相同。参贺者随着时间变化也在变。到了下午后半晌，来参贺的人无法与早晨相比，差别很大，以致让人难以相信。皇居前广场上已经没有人发小旗了，自然也没有人再拿着小旗了。我心生疑惑，那小旗是为了第一次拍照而发的呢？还是因为知道后边参贺者的人数会发生变化？

这天最高温度 11.5℃。也许比往年暖和，下午的参贺者多是带着小孩的一家人。

"每年都来吗？"

"不是的，今天天气好，突然决定来的。"和早晨来的参贺者不一样。

"每年都来吗？"

"是的，每年都来，我比天皇小一岁，今年也想看看他是否健康，这也是一年之始嘛。"

"每年都来吗？"

"是呀！自有参贺以来就没落下过，我们是集体从千叶来的。"早晨来的人真热心，而且上年纪的人居多，说"我是天皇陛下的崇拜者"，高呼"万岁"的声音也许是发自他们内心的声音。

> 安装了防弹玻璃的接见台，只有在一般参贺的日子才安装。

> 天皇讲话大约三分钟。

> 下午

> 上午

可是，下午来的父亲，把儿子扛在肩上，"来啦，来啦！看见了吗？"儿子说："嗯，是那个老爷爷吧。"

我旁边的一对年轻人在对话："啊，你瞧，在招手，和电视上一样。""会朝向这边？这边，朝向这边了。"这样的对话完全和看熊猫时说的话别无二致。如果让早晨在广场上下跪的老人听到这话，会多么感慨，多么气愤哪！

但是也有让我意外的。当问那些年年都来参贺的热心人"如果天皇驾崩了……"时，回答的多是"如果那样，那就不来了"。

整整一天的采访使我感到，天皇的支持者日趋高龄化，年轻一代似乎越来越漠不关心了。心想这也许只是今天这一天的情况，此后，为了谨慎起见，我决定每年的两次参贺都来参加。连续两年，合计四次，在新年、天皇生日都去皇居参贺。结果那种感触越来越深。

下边是每年公布的新年一般参贺的人数。

1976 年（昭和五十一年）144090 人

1977 年（昭和五十二年）165280 人

1978 年（昭和五十三年）140830 人

1979 年（昭和五十四年）134000 人

1980 年（昭和五十五年）128300 人

我一边继续着一般参贺，一边写信给宫内厅申请"以个人的身份对皇居进行采访"。即便得到的回答是"No"，那也没关系的。没想到在家里，我收到了来自宫内厅负责新闻报道的山口峰先生的电话。他告诉我"一个人……但是 10 个人以上的团体申请参观皇居，我们还是接待的"。实际上自 1954 年 6 月起，周日和节日除外，每天都能参观皇居，还有向导解说。可我自己则认定要看皇居，只有在一般参贺的那一天，我为自己的孤陋寡闻和愚蠢而感到沮丧。我想是不是不少人和我想法相同，内心中有种皇居是不可接近的"圣域"的想法，自己限制了自己，从而放弃了参观皇居的念头。为此我介绍一下我是如何申请的。同时我劝那些非天皇的支持者也参观一次，亲眼看看，实际上会收获颇多的。

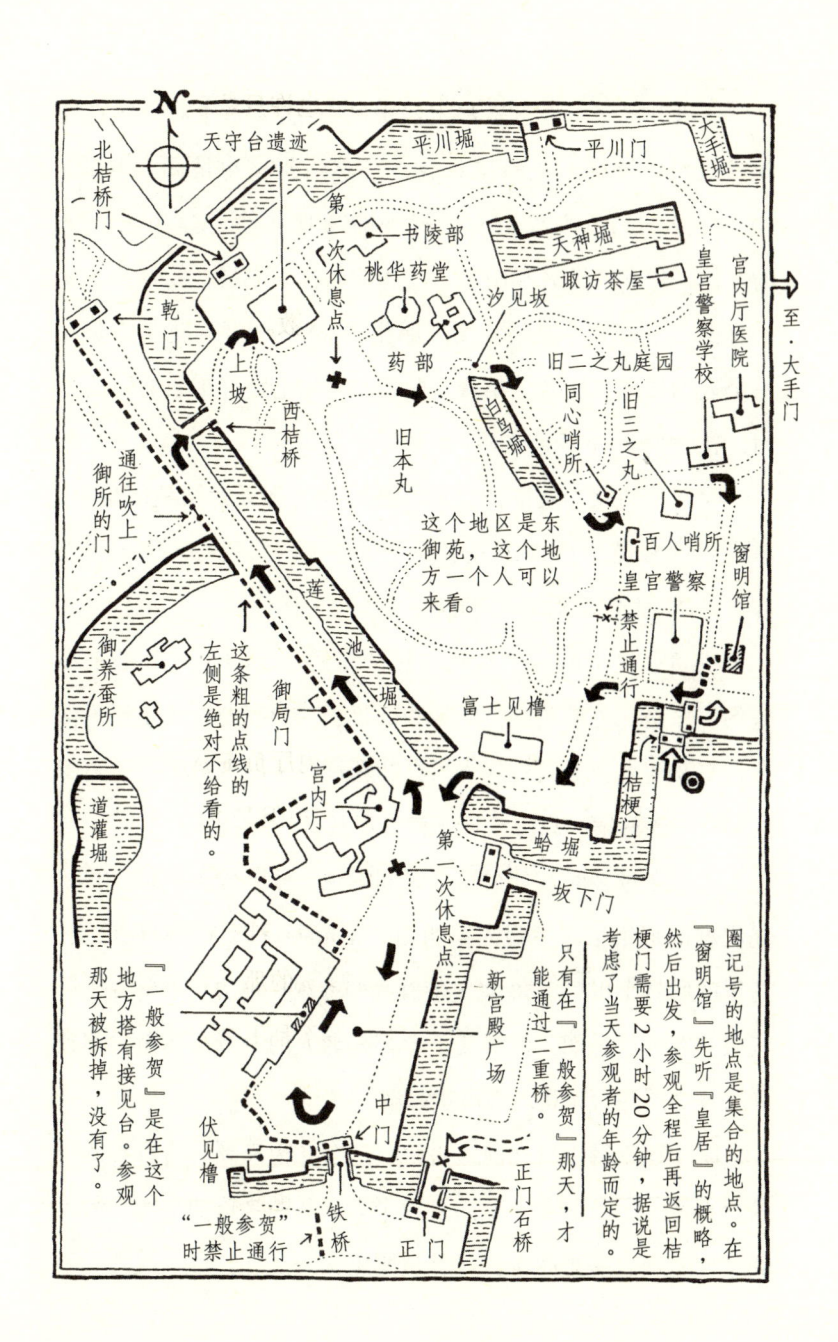

皇居探秘

圈记号的地点是集合的地点。在「窗明馆」先听「皇居」的概略，然后出发，参观全程后返回桔梗门需要2小时20分钟，据说是考虑到当天参观者的年龄而定的。

只有在「一般参贺」那天，才能通过二重桥。

「一般参贺」是在这个地方搭有接见台。参观那天被拆掉，没有了。

「一般参贺」时禁止通行

这个地区是东御苑，这个地方一个人可以来看。

这条粗的点线的左侧是绝对不给看的。

N

天守台遗迹
平川堀
平川门
大手堀
至·大手门
北桔桥门
第二次休息点
书陵部
桃华药堂
天神堀
诹访茶屋
皇宫警察学校
宫内厅医院
乾门
汐见坂
药部
旧二之丸庭园
上坡
西桔桥
旧本丸
旧同心哨所
旧三之丸
通往吹上御所的门
莲池堀
百人哨所
皇宫警察
窗明馆
御养蚕所
御局门
富士见橹
禁止通行
道灌堀
宫内厅
桔梗门
蛤堀
第一次休息点
坂下门
新宫殿广场
伏见橹
中门
铁桥
正门
正门石桥

通讯处：〒100 东京都千代田区千代田1—1宫内厅管理处参观科。原则上先打电话预约，然后提交申请函。电话：（03）212-1111（内线485）。提交的参观文件：①10人以下的团体，代表的姓名和图章，②团体名称和成员，③希望参观的日期（要写第一愿望和第二愿望），④参观者的花名册要写每个人的住址、姓名、年龄、职业。再加上贴好邮票的回信信封，在参观日10天前寄出。

收到"同意参观"的回信，在参观日那天在桔梗门集合，有人带领参观，上午10点和下午1点半两次放行入内。周六和7月21日至8月31日期间只有上午一次。

我马上提出申请去参观。我是在1980年4月9日下午参观的。那是一个樱花盛开的暖和的日子，参观的人数比预想得多，有983人。他们是从香川县和新潟县来的老龄团。一个团的日程三天两宿，只游览日光和参观皇居。

参观者过多时，分组错开时间参观。今天分为两组，我在先出发的那组里。参观完窗明馆，排成五行纵队缓慢往前走。这里的职员小川广（58岁）带领我们参观，他边走边解说，语气极其客气、恳切。他对几乎全都是老人的一行人体贴之细致和服务之周到，让我内心肃然起敬。

刚才还觉得小川在前边讲解，这会儿他又到后边看看队伍是否都跟上了。他和一个同事两个人一起担当这项工作，每天要带领参观者参观两次。我觉得刚走了一会儿，可是就到了第一次休息的时间了,发现已经有12人掉队。

全组以极缓慢的步子继续参观,过西桔桥,走天守台遗迹前的上坡对于这些老人来说太辛苦了。一个挺精神的老奶奶,但弯腰驼背。我看不下去,于是就拉她的手,当我拉到她那布满皱纹的手的同时,突然和"热心加快'元号法制化'"的感觉重叠。"元号法制化"在国会上通过了,现在还重提已经为时已晚,但是近几年,不是又有将其视为危险,发出警告的意见吗?

30年前,在吉田茂任内阁担当文部大臣的田中耕太郎在公开场合也主张"废除元号",他曾说:"所谓把元号定为一世一元是违背'主权在民'的新宪法精神的,元号法制化与承认'天皇主权'相关。"除他之外,属于右派的人也有这么主张的。

第二次休息时,双腿发颤,很多人都坐下了。小川鼓励大家:"还有一点,加把劲儿!"接近参观路线的终点时,小川又说:"今天大家走了3.6公里。"如果一开始就告诉大家这些,肯定会有很多人落在后边的。

顺路走来,只穿过东御苑,参观就结束了,如果还想到处看看的人,也许只来看东御苑的好。进门无需任何手续,更不必登记姓名和住址。不过不能往南去新宫殿的方向。

走过去一看,你会大吃一惊,不相信在喧嚣的东京市中心会有这样一块宽敞而又精心修饰过的园林。

① 吹上御所　② 花荫亭　③ 观瀑亭　④ 吹上御苑
⑤ 吹上大池　⑥ 水田　⑦ 生物学御研究所
⑧ 宫中三殿　⑨ 御府　⑩ 大道庭园
⑪ 上道灌堀　⑫ 中道灌堀
⑬ 下道灌堀

半藏堀

高速公路环线

樱田堀

湟池

⑭ 御养蚕所　⑮ 综合仓库　　　　　　　⑲ 宫内官
⑯ 御局门　　⑰ 伏见橹　　　　　　　　㉑ 正门
⑱ 新宫殿　　　　　　　　　　　　　　　㉓ 中门

皇居全图

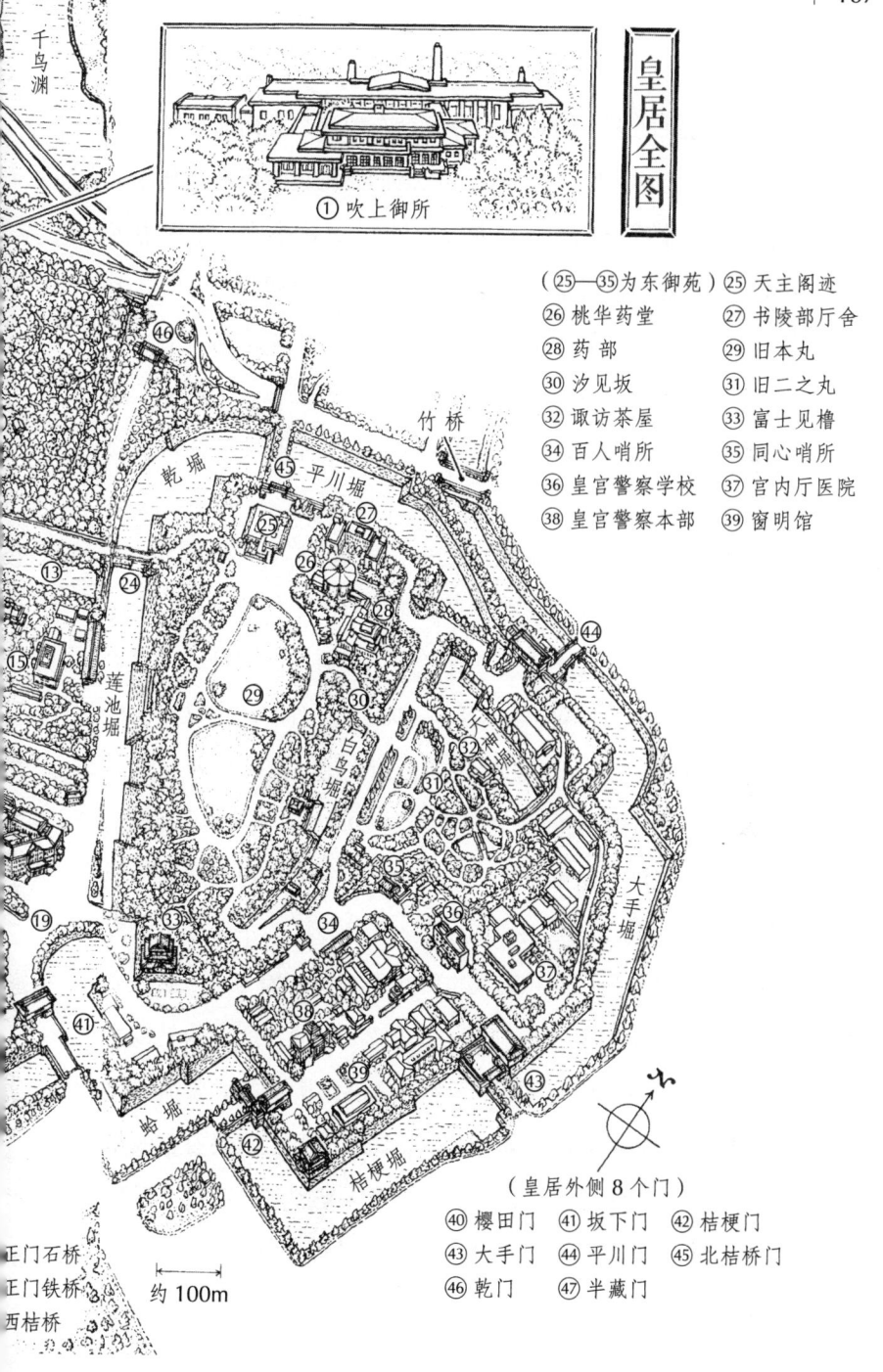

① 吹上御所

(㉕—㉟为东御苑) ㉕ 天主阁迹
㉖ 桃华药堂　㉗ 书陵部厅舍
㉘ 药部　　　㉙ 旧本丸
㉚ 汐见坂　　㉛ 旧二之丸
㉜ 诹访茶屋　㉝ 富士见橹
㉞ 百人哨所　㉟ 同心哨所
㊱ 皇宫警察学校　㊲ 宫内厅医院
㊳ 皇宫警察本部　㊴ 窗明馆

(皇居外侧8个门)
㊵ 樱田门　㊶ 坂下门　㊷ 桔梗门
㊸ 大手门　㊹ 平川门　㊺ 北桔桥门
㊻ 乾门　　㊼ 半藏门

约100m

从地方来的老人们对其安静并没有惊讶，进门前等候的时间和参观行走两小时二十分钟，让他们感到疲劳困顿。到达窗明馆，参观全程结束。听到老人们说："这次参观可以作为奔赴黄泉的礼物了，但是天皇还是高高在上，可望而不可即。天皇住的吹上御所在哪个方向？"

我也有同感。新宪法中明确写着主权在民，天皇定位于国家和国民的统合象征，即只是作为不拥有政治权力的礼仪性的存在。

现在在世界上保留着君主制的国家有16个。在欧洲，以英国为首的六个国家的王室的主要作用只限于在礼仪方面。包括王室的行动和经费，作为主权者的国民有权发表意见。王室方面也不懈地努力回应国民的期待和批评。日本的情况是，皇室经费每年超过24亿，此外还加上100亿的宫内厅费和皇宫警察费。这两个国家机关的职员多达2000人，是世界上规模最大的。宫内厅虽然也总是说"努力使皇室和国民之间保持开放的关系和距离"，但实际状况是皇室与国民的距离是多么大呀。日本皇室和国民的距离大也许理所当然，因为有一股强大的力量在不断地将其推向"更高的位置"。现在所走的是以皇位为基准的天皇制复活之路，绝不是落实所谓的"象征天皇制"。这些又与有意制造出的很多忌讳相关联，只要看新闻报道就会明白。比如在1980年2月的建国纪念日，有关"反对天皇、首相正式参拜靖国神社"游行情况的电视报道，"天皇"

二字从媒体中被抹掉等事实……不胜枚举。

每到皇居，我就感觉到"象征天皇制"的表象和实质之间的天地之差。隔着篱笆看都不允许，那就不仅仅是物理上的"看不到""不给看"了。说句真心话，我琢磨着让国民的目光多接触皇居，是与保护"天皇制"不相称的。

如果以个人的采访能力，还想多看的话，只剩下从空中观看了。因价格昂贵，几经踌躇后，下决心登上了直升飞机。

按照航空法的规定，禁止在低于 300 米以下的低空飞行。但是没有规定禁止在皇居上飞行。然而，大家都自我限制，不在皇宫上飞行。我慢慢地绕护城河外侧盘旋一圈。

听说皇居的面积为 115 万平方米，在上边看果然很大，绿树茸茸，我擦亮眼睛，无论如何也要把这枝繁叶茂的风景描绘在纸上。为了传达真实感受，尽可能做到详细、准确，我一边看放大镜，一边画，似乎有些画过头了。有兴趣的人请你用放大镜重新看看。

1980 年 5 月

停运的东方快车

卍

　　曾经以横贯欧亚大陆而闻名于世的东方快车，跨过大海、千里迢迢地从欧洲来到日本，摇身一变，落户在琵琶湖畔，成了旅馆。听到这一消息，我大吃一惊，不由得心存疑惑："是真的吗？"这么做是出于"好奇多事"还是出于"商业利益的驱使"？不论如何，此举毕竟惊天动地，让我感到有点后怕。

　　说到东方快车，谁都会想起在阿加沙·克里斯蒂的《东方快车谋杀案》、格莱阿姆·格林的《伊斯坦布尔特快》，以及"007系列"中的《来自俄罗斯的爱》等电影中露面的那列耳熟能详的快车。

　　东方快车历史悠久，赫赫有名，自1889年开始直通伊斯坦布尔。从巴黎发车，途经慕尼黑、维也纳、布达佩斯，到达黑海之西、瓦尔纳，然后乘船前往伊斯坦布尔（当时的名字为高斯坦奇布尔），历经90个小时。

尽管如此耗时，在当时它已经是连接欧洲和东方最快的交通工具了。与此同时，瓦贡里（音译）公司推出最豪华的被称作"梦幻列车"的卧铺车，满载着欧洲人对东方的向往驰骋东西。1906年在瑞士和意大利之间的阿尔卑斯山开凿了世界最长的辛普龙隧道，东方列车自1916年开始行驶这条路线。时间虽然缩短到65小时40分钟，但是完成一趟旅行也需要四天三夜，那时可真是一个悠闲的时代。东方快车虽然因战争一度停运，后来又恢复了。然而不久，世界就进入了各国之间都有国际快车驰骋、飞机互飞的时代。现在东方快车行驶的距离，乘飞机只需四个小时即可到达。东方快车的乘客因此锐减也不无道理。现在巴黎始发的列车一般都是16节车厢编组。而到伊斯坦布尔的只有两节车厢。开往欧洲各地的其他列车，在各国的车站根据乘客的数量调节车厢的数量，或者甩下车厢，或者加挂车厢。

如今人们看到它，会说："这就是当年赫赫有名的东方快车？"它是和行驶在地方线上的慢车一样的混编，一周只发两班。昔日的荣耀被时代的潮流所淹没。在1977年5月20日它完成最后的纪念行驶后，终于退出了它停留了长达一个世纪的历史舞台。

本应消踪匿迹的东方快车出现在琵琶湖畔？令人半信半疑。我虽然不是火车迷，但还是亲自前往将其搞个明白。"果然不假！有啦！"它停放在有过山车、大型观赏车、丛林浴

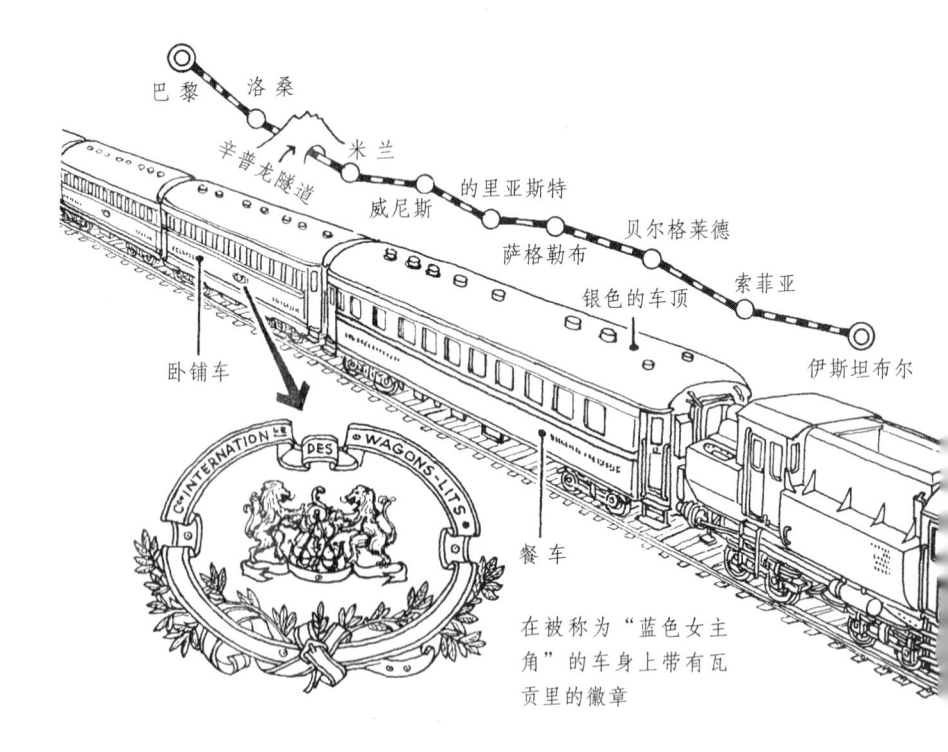

巴黎 洛桑
辛普龙隧道 米兰
威尼斯 的里亚斯特
萨格勒布 贝尔格莱德
银色的车顶 索菲亚
伊斯坦布尔

卧铺车

餐车

在被称为"蓝色女主角"的车身上带有瓦贡里的徽章

池的游乐园中。还记得它那蓝色的车厢，光辉四射的金色的瓦贡里公司的徽章……共有八节卧铺车和一节餐车。这样帅气的十节编组的东方快车在欧洲也未曾亲眼目睹。在气派的车厢面前，我吃惊不小，以至于怀疑我自己的眼睛。这才真的可以说是"梦幻东方快车"吧。

虽然不能说陈列在这里的列车和曾经在那条铁道线上奔跑过的列车为同型之物是谎言，但列车的车头的确不是当年之物，而是德国在战争期间（1942—1945）制造的，并且根本没有牵引过东方快车,所以不难想象那些挑剔的火车迷对这里的东方快车自然会有不同的看法。

旅馆方面人士老实承认"准确地说,的确不是……"可它的确是瓦贡里公司所生产的。对于"梦幻东方快车",我看还是不去说那些不知趣的话好。

在来这里的路上,出租车司机告诉我说:"红叶饭店是制造轰动效应的高手,以前就曾把飞机搬来放到楼顶上轰动一时。总经理木下弥三郎虽然85岁高龄,听人说是他主张这次把东方列车搬来作旅馆的,并说这是他的浪漫之作。果真买来

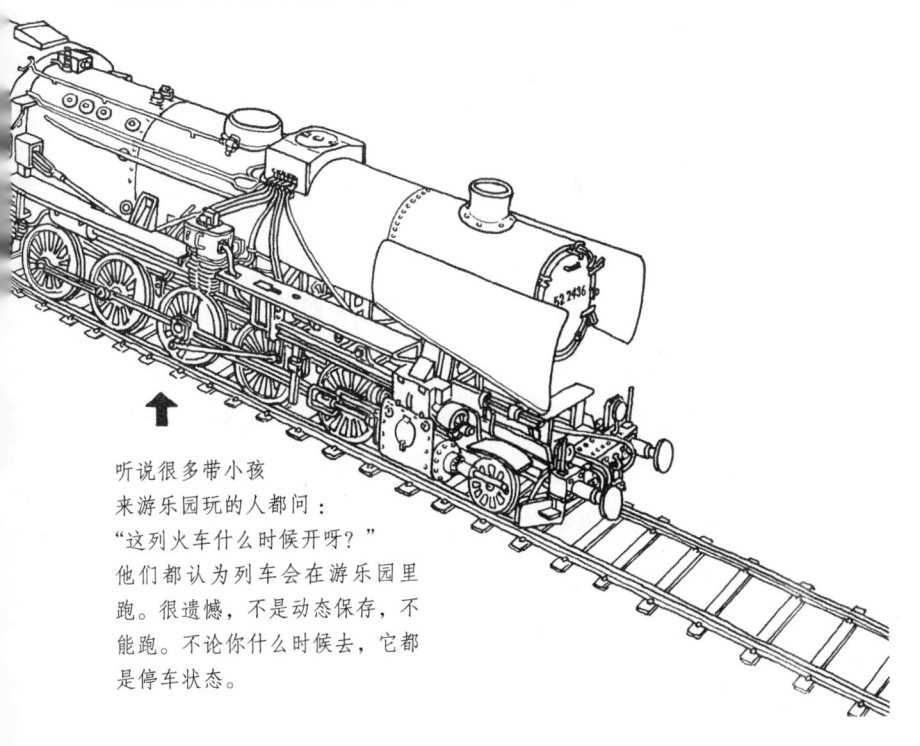

听说很多带小孩来游乐园玩的人都问:"这列火车什么时候开呀?"他们都认为列车会在游乐园里跑。很遗憾,不是动态保存,不能跑。不论你什么时候去,它都是停车状态。

了，让人万分惊讶，那花费还了得，让旅客来住，何时才能赚回本钱？"

到了旅馆，又向旅馆的人打听，人家说："购车费6亿5千万日元，比起购车费来，运输、保养、安装等方面要比预想的耗资还大，远远超过当初的预算。您说收支嘛，达到平衡，需要时日吧，毋宁说旅馆方面想靠它增加形象色彩。"去巴黎的瓦贡里公司购车时，如果说将其放到铁路博物馆里收藏的话尚可理解，但是人家听说要作旅馆惊诧不已，法国那里没有把列车当旅馆的。当听说要买八节车厢，人家还怀疑"是不是开车搞运营呀"？实际上在欧洲有的国家就是买回旧车厢去运营。

我无意帮助这"东方快车"做广告，但是有两点让我信服。首先是住宿费出人意料的便宜，中间开了一扇门的两间包厢，房费5600日元（含消费税）。如果两个人住，要比商务旅馆便宜。其次，在维护上细致周到，完全保留了其在博物馆中的英姿。轻松愉快地住在里边，感觉极佳。通过列车，再仔细观察，处处能感到和日本的不同，乐趣无穷。

看过《东方快车谋杀案》那部影片的人，都期待着这里的列车和影片中的一模一样。当他们看到摆在这里的实物，一定会脱口而出："哪儿跟哪儿呀，太不一样了！"在这里，为了再现影片中1930年的形象，把40年代造的瓦贡里公司制造的车头和其他车厢拼组起来。根据卧铺车厢里的列车员日记，记录到1975年4月19日。凭此立刻会明白这实际上是在铁轨上

停运的东方快车 | 115

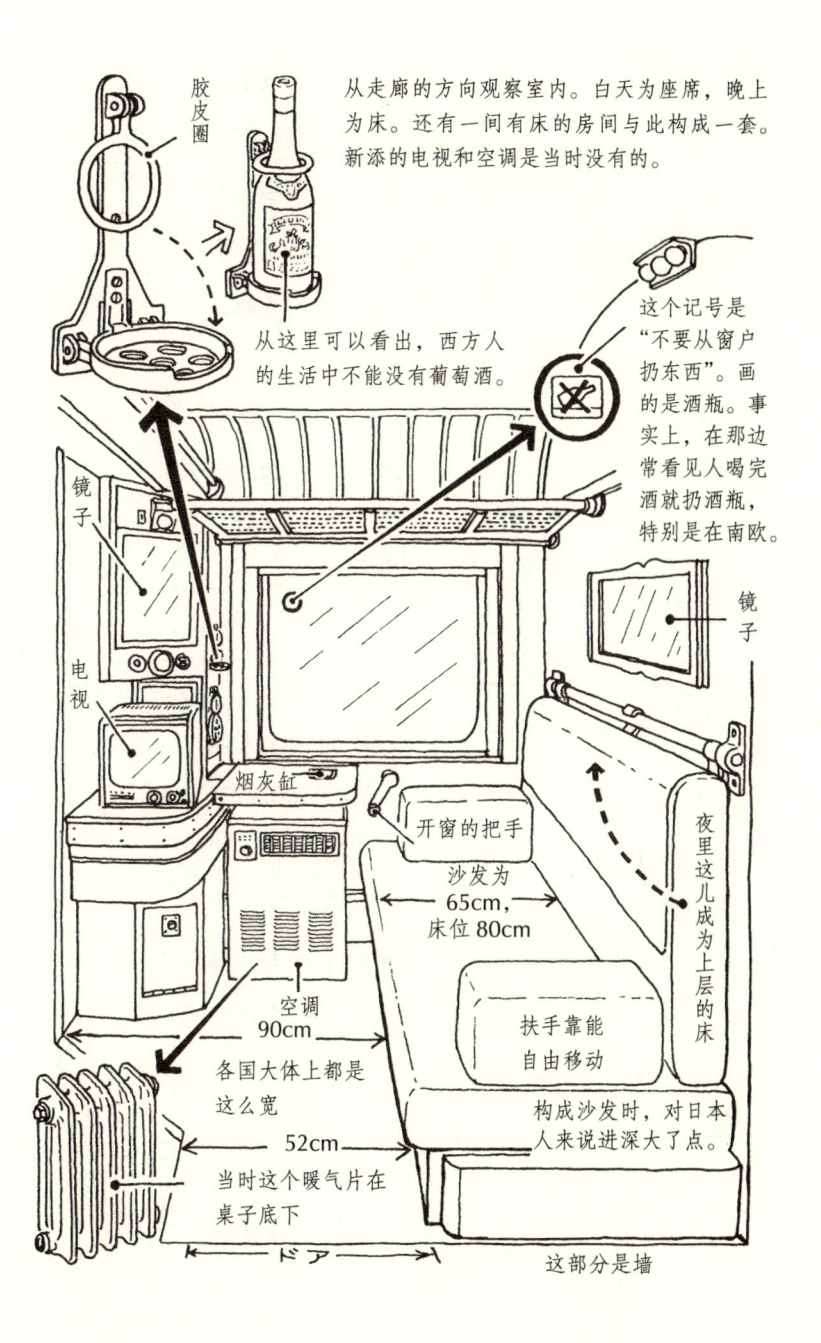

胶皮圈

从走廊的方向观察室内。白天为座席，晚上为床。还有一间有床的房间与此构成一套。新添的电视和空调是当时没有的。

从这里可以看出，西方人的生活中不能没有葡萄酒。

这个记号是"不要从窗户扔东西"。画的是酒瓶。事实上，在那边常看见人喝完酒就扔酒瓶，特别是在南欧。

镜子

镜子

电视

烟灰缸

开窗的把手

沙发为65cm，床位80cm

夜里这儿成为上层的床

扶手靠能自由移动

空调90cm

各国大体上都是这么宽

52cm

当时这个暖气片在桌子底下

构成沙发时，对日本人来说进深大了点。

ドア

这部分是墙

116 | 窥视日本

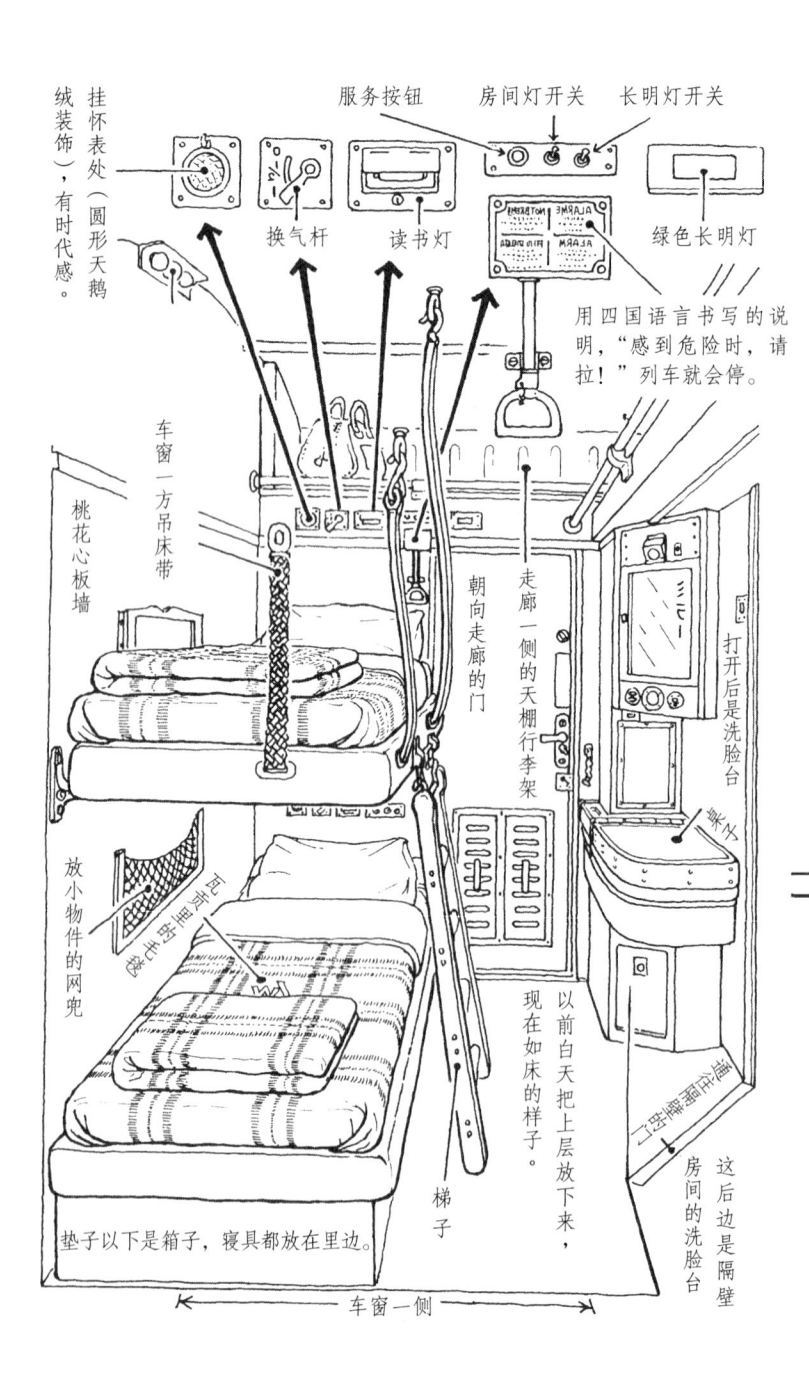

挂怀表处（圆形天鹅绒装饰），有时代感。

服务按钮　房间灯开关　长明灯开关

换气杆　读书灯

绿色长明灯

用四国语言书写的说明，"感到危险时，请拉！"列车就会停。

车窗一方吊床带

桃花心板墙

朝向走廊的门

走廊一侧的天棚行李架

打开后是洗脸台

放小物件的网兜

以前白天把上层放下来，现在如床的样子。

梯子

这后边是隔壁房间的洗脸台

垫子以下是箱子，寝具都放在里边。

车窗一侧

停运的东方快车 | 117

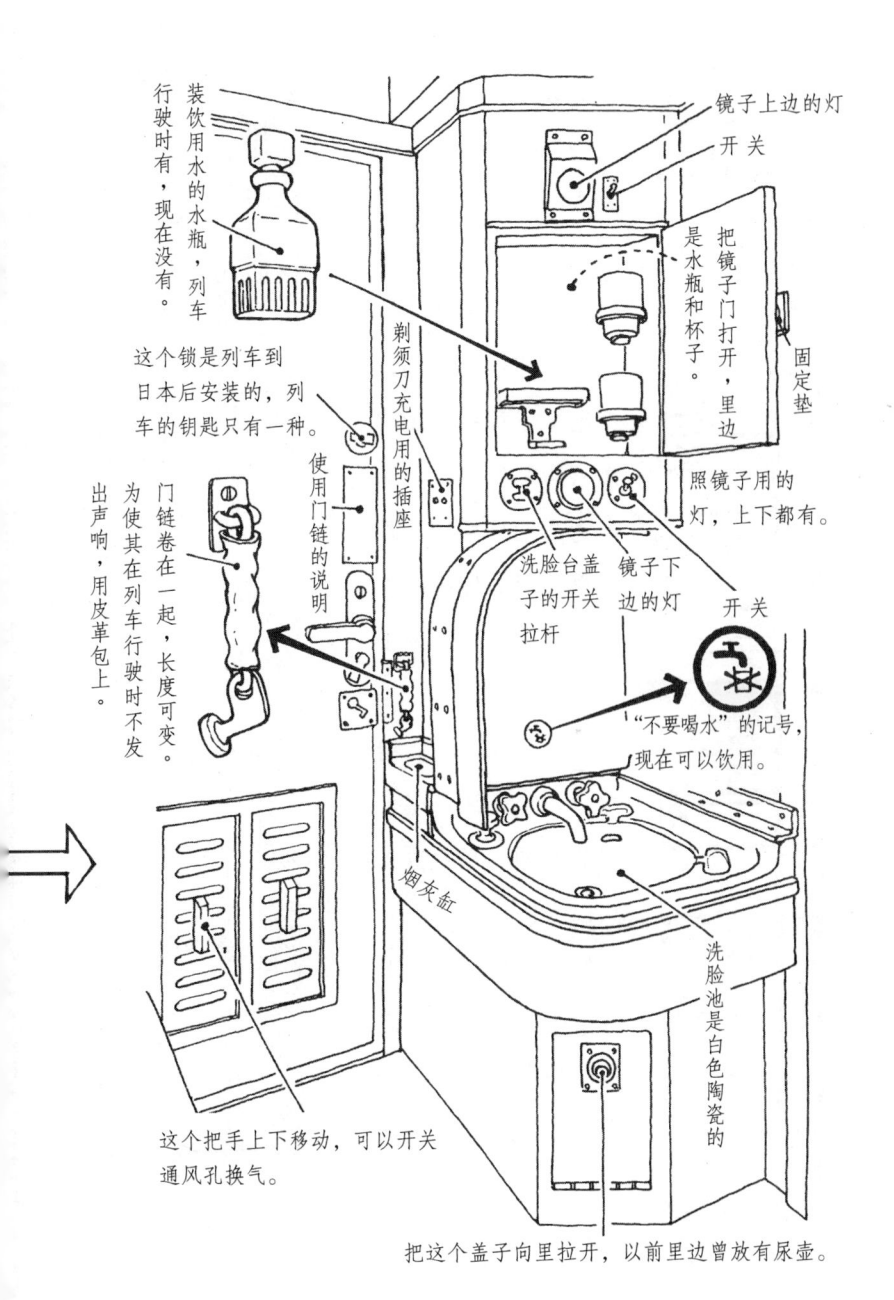

装饮用水的水瓶，列车行驶时有，现在没有。

镜子上边的灯开关

把镜子门打开，里边是水瓶和杯子。

固定垫

这个锁是列车到日本后安装的，列车的钥匙只有一种。

剃须刀充电用的插座

照镜子用的灯，上下都有。

使用门链的说明

门链卷在一起，长度可变。

为使其在列车行驶时不发出声响，用皮革包上。

洗脸台盖子的开关拉杆

镜子下边的灯

开关

"不要喝水"的记号，现在可以饮用。

烟灰缸

洗脸池是白色陶瓷的

这个把手上下移动，可以开关通风孔换气。

把这个盖子向里拉开，以前里边曾放有尿壶。

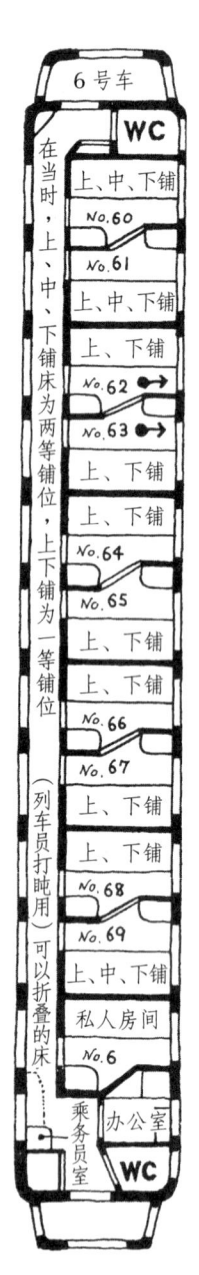

奔驰过的新列车，因此与电影的时代背景相去甚远，当然更看不到豪华的新艺术派样式的车内装饰。可是，它却让你感到像在电影中那样，装饰出家居性氛围，创造出舒适的环境来。瓦贡里公司的传统精神在这卧铺车上得到了完美的继承。

说到重视家居性，并非是瓦贡里公司的专利，笔者也无意以人们谈论的南非特快"蓝色列车"上甚至带有洗澡间和酒吧的那种豪华来作为家居性的佐证。

我们可以看到奔驰在欧洲大地上的普

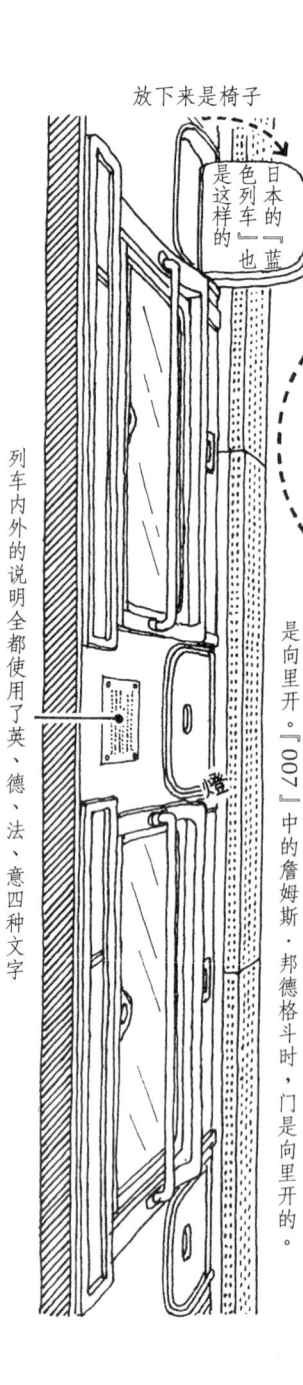

6号车
WC
在当时，上、中、下铺床为两等铺位，上下铺为一等铺位
上、中、下铺 No.60
上、中、下铺 No.61
上、下铺 No.62
No.63
上、下铺
No.64
上、下铺 No.65
上、下铺
上、下铺 No.66
No.67
上、下铺
上、下铺 No.68
No.69
上、中、下铺
私人房间 No.6
乘务员室 办公室
（列车员打盹用）可以折叠的床
WC

放下来是椅子

日本的"蓝色列车"也是这样的

走廊里不能行走。

列车内外的说明全都使用了英、德、法、意四种文字

这卧铺车是比利时1950年造的。门向外开就会堵塞走廊，新型车是向里开。"007"中的詹姆斯·邦德格斗时，门是向里开的。

停运的东方快车 | 119

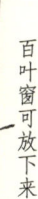

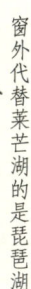

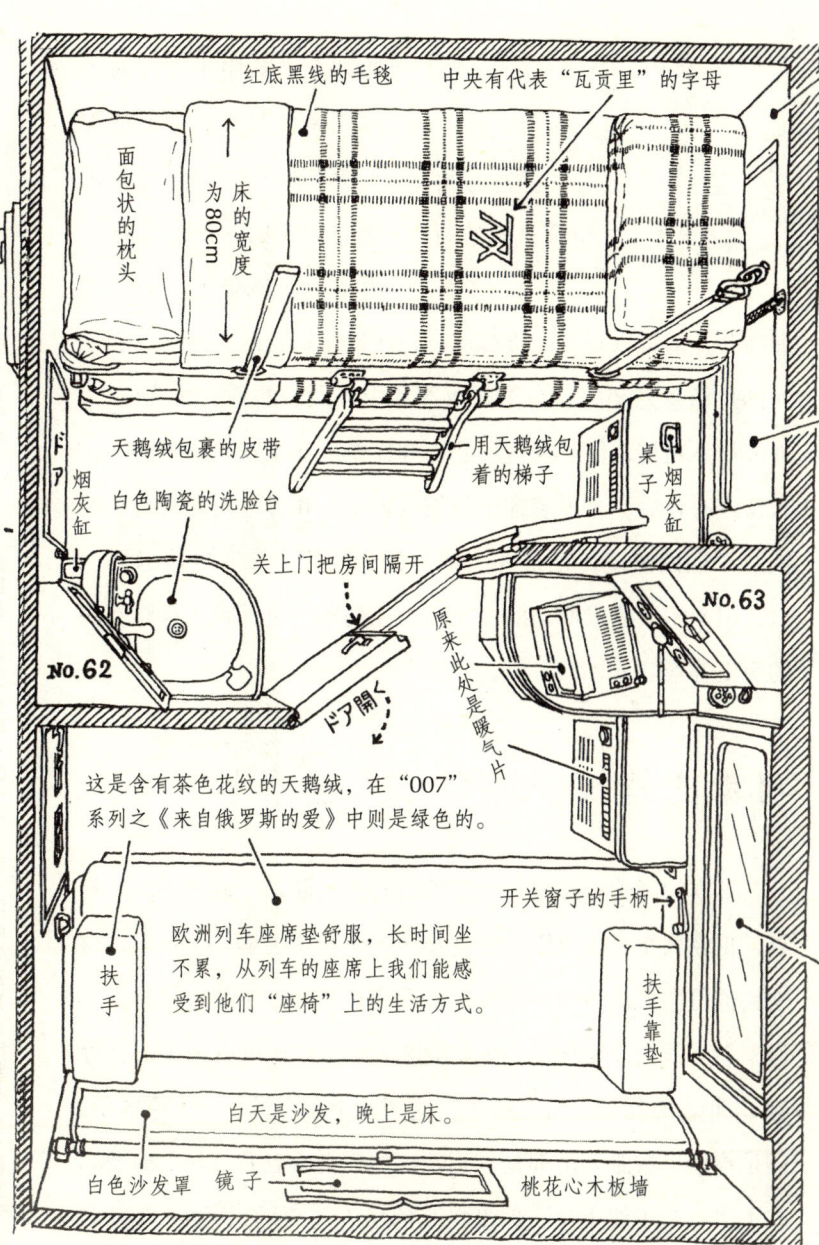

瓦贡里的衣架

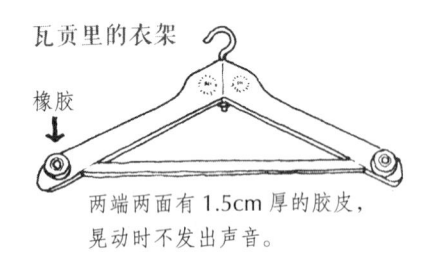

橡胶↓

两端两面有1.5cm厚的胶皮，晃动时不发出声音。

通列车，其中不乏"对乘客的关怀和在制造舒适度上所下的工夫"。不难发现他们和我们的出发点截然不同。从历史上来看，欧洲在公元前就以车代步进行旅行，所以车辆类的交通工具和他们的生活息息相关。在美国西部片中，人们熟悉的驿站马车，外表虽然粗糙，但是在内部装饰和靠垫上还是花了心思的。进入铁道时代后，车内装饰更是细致入微。在日本则是从轿子到铁路车厢的突变，把乘客当成为搬运货物，乘客也能忍耐一时，根本不敢要求所谓的居住性。在列车上也反映出这样不同的历史背景。

日本的特快卧铺车"蓝色列车"

日本的国营铁路技术水准值得日本人骄傲，通过追赶、超越，现在列车以世界第一的高速奔驰。我想了解一下日本国营铁路值得骄傲的特快卧铺车的舒适程度如何，于是就乘坐了一回。新干线自1964年开通以来我常乘坐，这次就免了。已经有14年没有乘坐东海道线了，这回坐坐东海道线。不论卖票，还是检票，铁路人员都是一副吃惊的面孔看着我。我大概被当成了"有新干线不坐，偏坐慢车的怪人"。我乘了傍晚4点45

停运的东方快车 | 121

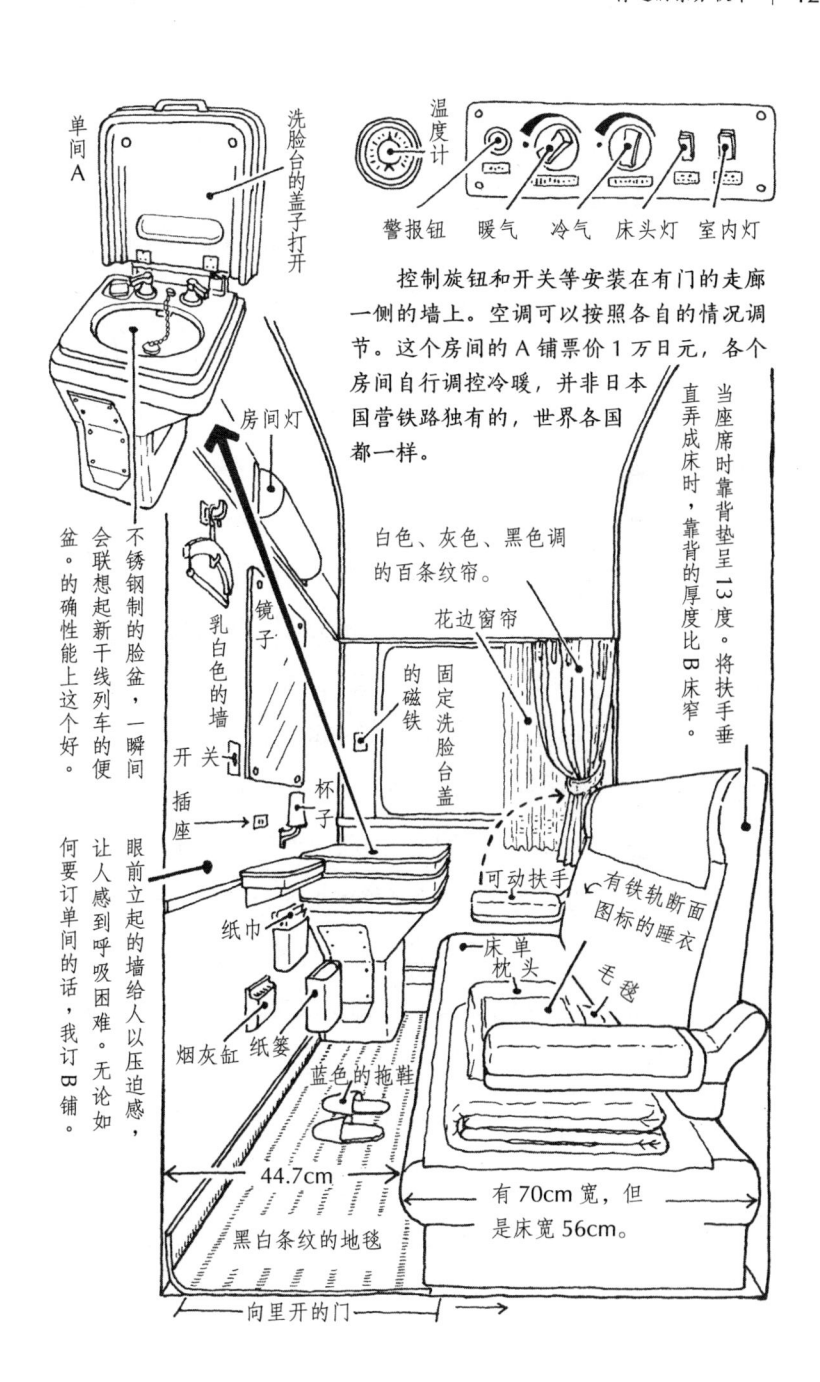

控制旋钮和开关等安装在有门的走廊一侧的墙上。空调可以按照各自的情况调节。这个房间的 A 铺票价 1 万日元，各个房间自行调控冷暖，并非日本国营铁路独有的，世界各国都一样。

不锈钢制的脸盆，一瞬间会联想起新干线列车，眼前立起的墙给人以压迫感，让人感到呼吸困难。无论如何要订单间的话，我订 B 铺。的确性能上这个好。

当座席时靠背垫呈 13 度。直弄成床时，靠背的厚度比 B 床窄。将扶手垂

单间 A
洗脸台的盖子打开
温度计
警报钮　暖气　冷气　床头灯　室内灯
房间灯
白色、灰色、黑色调的百条纹帘。
镜子
乳白色的墙
开关
插座
杯子
花边窗帘
固定洗脸台盖的磁铁
纸巾
烟灰缸　纸篓
蓝色的拖鞋
可动扶手
床单　枕头
有铁轨断面图标的睡衣
毛毯
44.7cm
黑白条纹的地毯
有 70cm 宽，但是床宽 56cm。
向里开的门

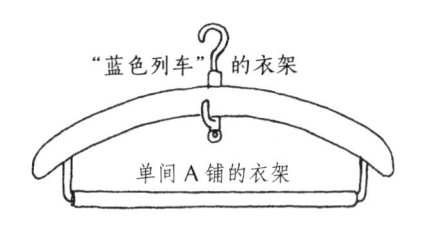

分从东京发车的"隼"号，夜间 11 点 35 分到达京都，并且特意坐了卧铺车厢，但是没有睡眠。我乘坐之后的感觉是合理性优先，没有对家居性的关注。尽管我在这七个小时里一直搜寻……国营铁路肯定有说法，想听听，可是得到的回答是："诚如你所说，家居性，特别是有关舒适方面，实在不好意思……"

"汽笛一响过新桥"，自明治五年铁路开通以来，"首先考虑的是搬运，家居性直到最近刚开始考虑"，听国营铁路当局这么认真地一说，我们反而"唉，唉！"地有点慌了神。国营铁路首先考虑"物理性的搬运"，对于其他，如"环境之类的问题"一直都近乎于置之不理的呀！

1945 年战争结束，在战后交通状况的混乱期中迎来了只求"搬运功能"的时代，当局为了能多乘一个旅客，减少座席，增加吊环扶手，连列车走廊能站几个人都做了认真考虑，为此所采取的对策可真费尽了心思。人们从车窗爬进爬出时，哪有什么家居性可言。此后 30 年，国营铁路在车辆设计上仍存在着这种后遗症。横排五个座位，D、E 座位宽 45.5 厘米，C 座位 44 厘米，A、B 则又窄了两厘米，座席前后间距为 45 厘米，这是出于"容易坐"的考虑而制作的啦，其设计的初衷是东京—大阪之间四个小时总还可以忍受的。后来电车延伸到博多，

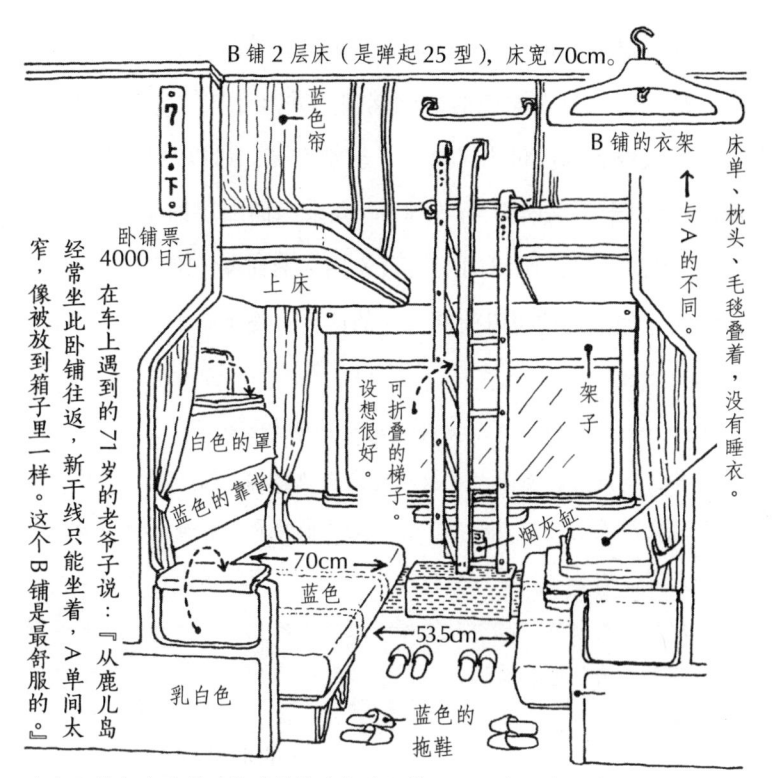

B铺2层床（是弹起25型），床宽70cm。

蓝色帘

B铺的衣架

床单、枕头、毛毯叠着，没有睡衣。

↑与A的不同。

卧铺票4000日元

上床

在车上遇到的71岁的老爷子说：从鹿儿岛经常坐此卧铺往返，新干线只能坐着，A单间太窄，像被放到箱子里一样。这个B铺是最舒服的。

白色的罩

蓝色的靠背

可折叠的梯子。

设想很好。

架子

烟灰缸

←70cm→
蓝色

←53.5cm→

乳白色

蓝色的拖鞋

这个B铺与在欧洲叫做"简易床"的很接近，没有用来包床的幔帐，但是欧洲各个房间都有门。

在靠垫和扶手的角度上虽然做了调整，但基本上没有得到改造，去九州的人当然就要承受超过了人们忍受的界限。

当局说"正在研究中，进行反复试验……"为什么不仅"家居性"提不到日程上来，还出现了"忍受的界限这类的问题"？似乎在制造车辆上有法律一样的条文规定。这个障碍竟然是战争中昭和十五年（1940年）的规定，更为严重的是明治时期的规定还在起作用，让人为之惊讶。

越了解，令人吃惊的事就越多，并且还知道：为了改进，有不少人或者部门付出了努力，非常辛苦。最近，卧铺的宽度改为 70 厘米（以前为 54 厘米）。我乘坐的二层铺是"弹起 25 型"，仅此可以说明我国的国营铁路大有进步。现在日本人的体格好，如果再按照以前的尺寸的话……终于有了变化。

> 今后已经不是多拉快跑就可以的时代了，哪怕是一点点改善，也是为着要让大家能舒适愉快地旅行，铁路方面已经开始从家居性这一方向思考了。可是我们负责的经济预算，必须得到国会的认可，不可能马上变好，一点点地来吧，我们努力回应社会的期待。乘车时您要是发现了问题，不论什么方面的都可以，请您随时随地询问，也欢迎普通旅客的意见。来信请寄〒100 东京都千代田区丸之内 1—6—5 国铁本社广报部即可。

对于国营铁路当局的承诺，我们不折不扣地接受。在今后制造的车辆上如何体现出家居性，我们也寄予厚望。不过要啰唆的是"豪华"和"家居性"可是两码事，我根本没有要求豪华列车。

日本列车像日本式的就可以了，但要追求真正意义上的家居性。从东方快车跑题，说到"蓝色列车"，我想说的就这么多。

刺青与文身

卍

日前，我去竹町参加了雕文的葬礼。如今已经没有叫竹町的街名了，它已经被外行的衙门改为东京都台东区3丁目了。

雕文其人是靠近浅草、被称为竹町的贫民街的消防人员的领头，生于明治三十八年，73岁，原名三田文三。

他虽然是消防人员的领头，但也是很有名的文身师，他本人就请文身名师雕宇（天保十四年生）在身上刺出"长润斩浪"的图案。

文身被称为"活的浮世绘"，随着雕文的去世，他那栩栩如生的文身也一同从这个世界上消失了。

对"文身"二字，这个行当里的人，非常注重其注音，有时读为文身，有时读为刺青，一般人都认为二者是一回事，常常搞混。

实际上，我也是在五年前才搞明白。从事雕身的人们，讨

第一代雕宇之作『长润斩浪』

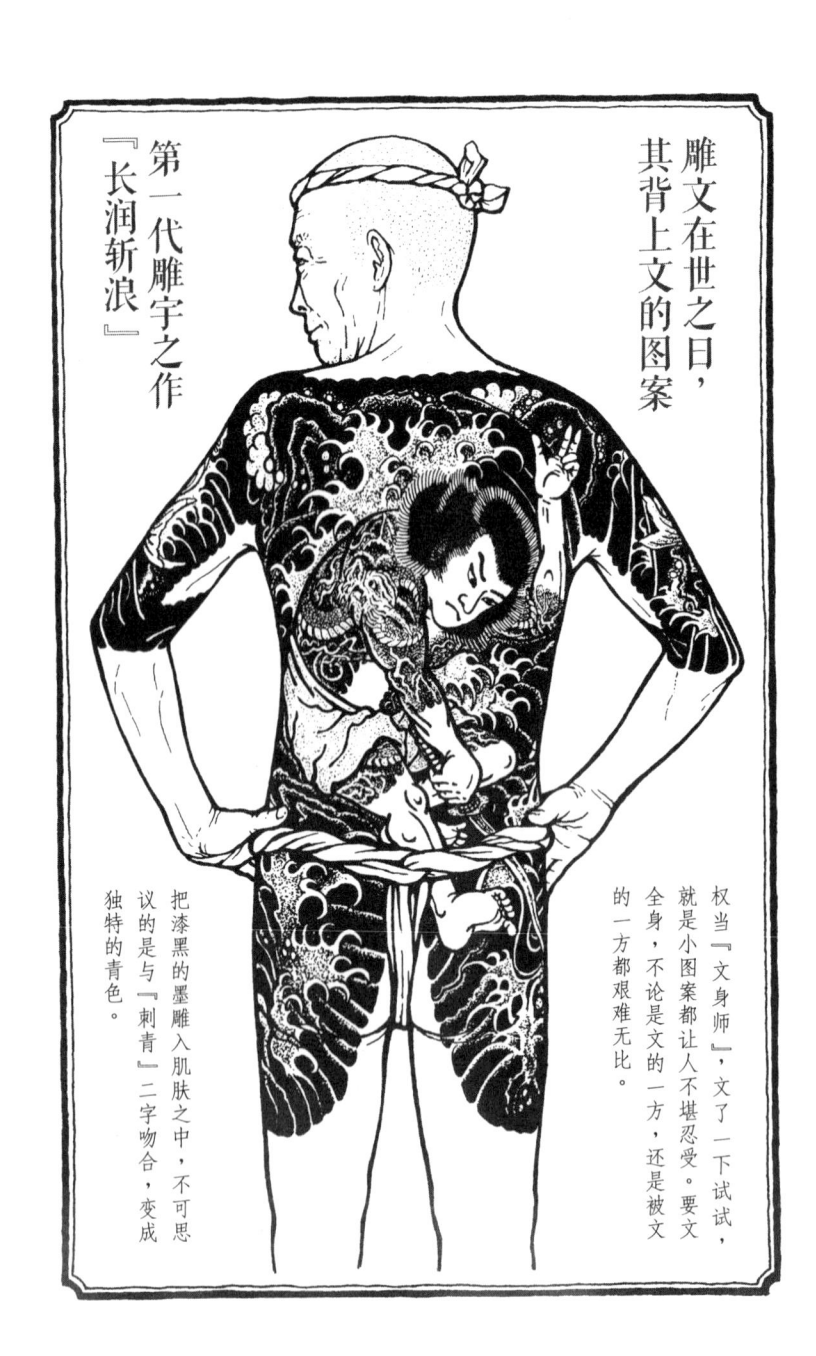

雕文在世之日，其背上文的图案

权当『文身师』，文了一下试试，就是小图案都让人不堪忍受。要文全身，不论是文的一方，还是被文的一方都艰难无比。

把漆黑的墨雕入肌肤之中，不可思议的是与『刺青』二字吻合，变成独特的青色。

厌别人把他们说为刺青。

刺青是对犯罪者的刑罚，即在皮肤上刻的记号。所以说到刺青，会给人以"有前科"同义的印象。

文身在往皮肤里施墨这点上与刺青没有什么区别，但是文身是根据自己的意志而制作的装饰品，是绘画，是其本人的骄傲。

有关文身，有很多种说法，如雕身、雕青、文身等等。在关西，叫忍耐。即便这些都大同小异，但与刺青迥然不同，要严加区分。

文身的历史悠久，具体始于何时尚不清楚，从出土的绳文时代雕刻的面具和古代埃及的壁画上已经可以看到，所以一般说在此之前已经有文身了。

当时的文身与现在的绘画不同，是有咒语含义的比较朴素的花纹。

现在一些地区和国家，仍然存在着带有宗教性咒语含义的刺青风俗。这种场合虽然没有文身那种绘画性，但也有必要将其与刑罚意义上的刺字加以区别。

我对雕刻咒语所使用的工具发生了兴趣，很想了解一下。听说以剧作家、文身研究家而

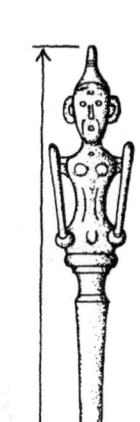

（全长31厘米）

饭泽匡珍藏之物

分为两股，成鸟喙状

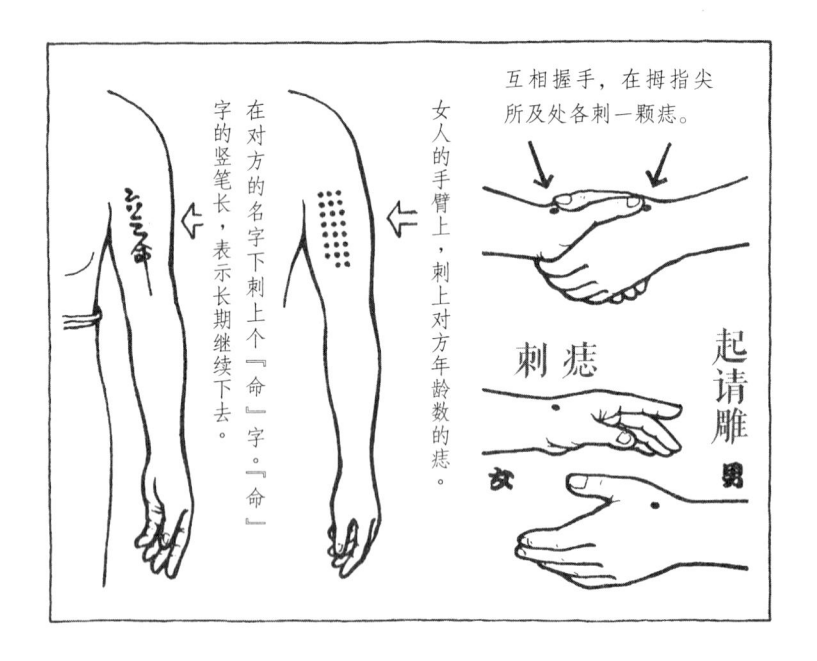

互相握手，在拇指尖所及处各刺一颗痣。

女人的手臂上，刺上对方年龄数的痣。

在对方的名字下刺上个『命』字。『命』字的竖笔长，表示长期继续下去。

刺痣 女

起请雕 男

闻名的饭泽匡先生就有实物。

我立即请他拿出来给我看，对实物的重量、大小、粗细，除了惊叹还是惊叹。用这玩意儿刺皮肤，人肯定要晕过去的。

饭泽匡先生告诉我说："那边的人给小孩子刺字。比如在手背上或者额头上刺上点状的东西。我去过缅甸的仰光，在佛塔前的店铺里出售供佛用具，这东西和香炉、念珠摆在一起，让我发现了，开始我以为是一种供佛用具，仔细一问，才知是文身的工具。的确，他们用这玩意儿在露天进行'念咒雕刻'。"听了他的解释，我更加兴奋，马上画下来。我心里真想要这件东西，但是最终没有能够说出口。

各种各样的刺字

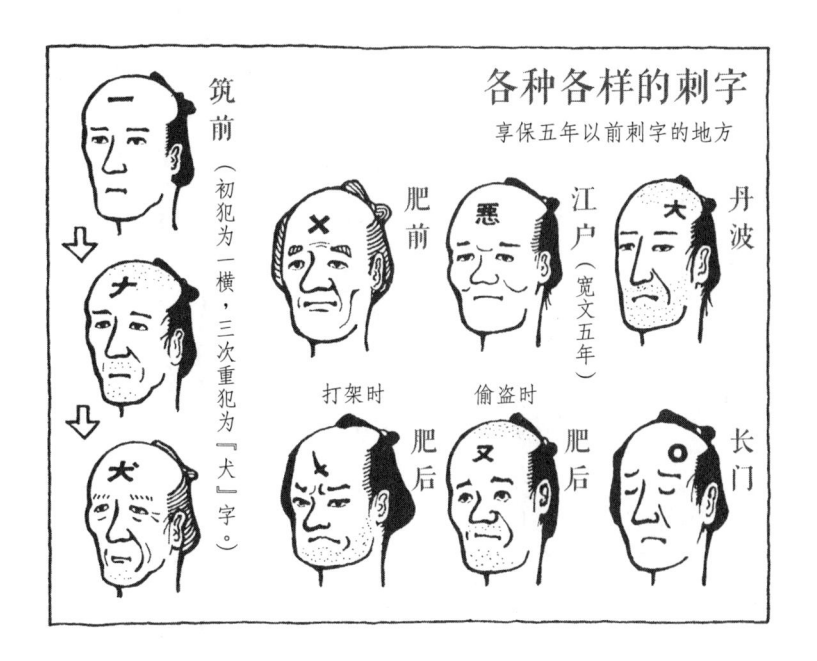

享保五年以前刺字的地方

筑前（初犯为一横，三次重犯为"犬"字。）

肥前 打架时
肥后

江户（宽文五年）
肥后 偷盗时

丹波
长门

对民族学上的世界各地的"刺青"，我也很感兴趣，但这就是学术领域的问题了，在此省略不提了。

在日本，单纯地刺个点、图点墨的情况，是德川时代初期开始在关西地方流行的，也有向关东传播的记录。这不是咒语性的，而是作为男女之间的情爱标志而刺的"起请雕"，或叫作"刺痣"。

起初，热恋的男女互相握手，在拇指尖所及处刺一个黑痣一样的点。可是后来，此事在妓女之间升级，她们在自己的手臂刺上与眷顾客人年龄数相同的点。男人中有的人对那些点挨着个地数，于是兴师问罪："比我的年龄数多了两点，这

各种各样的刺字

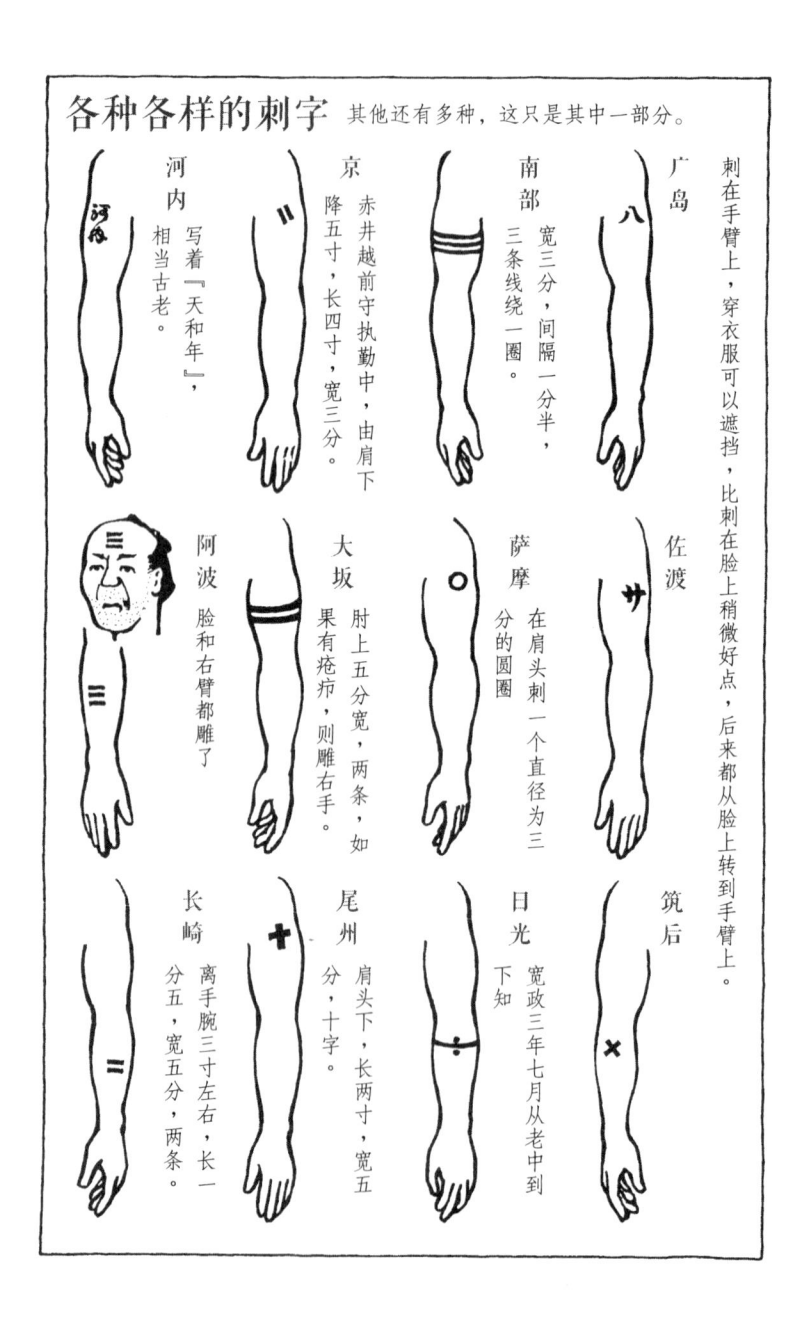

其他还有多种，这只是其中一部分。

刺在手臂上，穿衣服可以遮挡，比刺在脸上稍微好点，后来都从脸上转到手臂上。

广岛

南部 宽三分，间隔一分半，三条线绕一圈。

京 赤井越前守执勤中，由肩下降五寸，长四寸，宽三分。

河内 写着"天和年"，相当古老。

佐渡

萨摩 在肩头刺一个直径为三分的圆圈

大坂 肘上五分宽，两条，如果有疮疖，则雕右手。

阿波 脸和右臂都雕了

筑后

日光 宽政三年七月从老中到下知

尾州 肩头下，长两寸，宽五分，十字。

长崎 离手腕三寸左右，长一分五，宽五分，两条。

雕文第二代的手 手雕（传统手法）

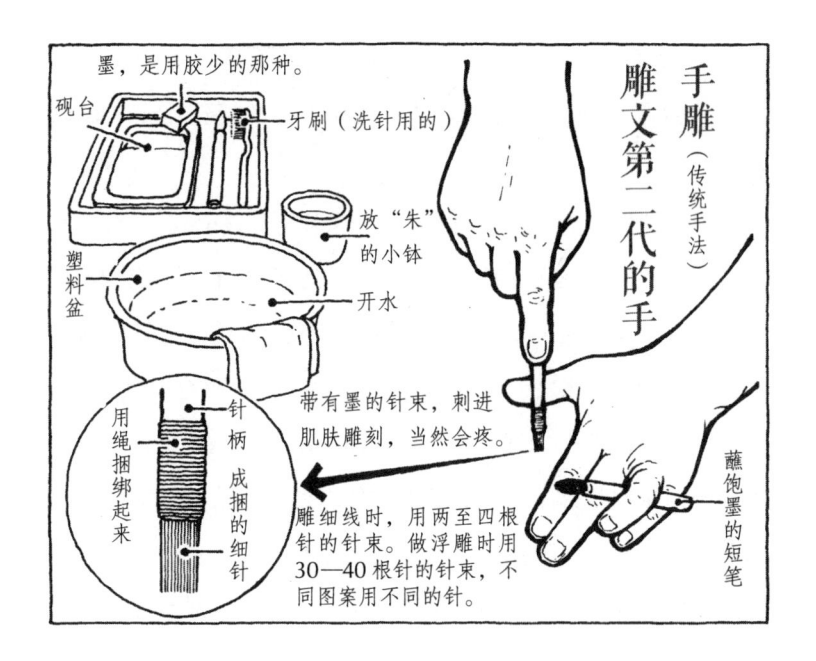

墨，是用胶少的那种。
砚台
牙刷（洗针用的）
塑料盆
放"朱"的小钵
开水
带有墨的针束，刺进肌肤雕刻，当然会疼。
蘸饱墨的短笔
用绳捆绑起来
针柄
成捆的细针
雕细线时，用两至四根针的针束。做浮雕时用30—40根针的针束，不同图案用不同的针。

是怎么回事啊？是不是有其他相好的了？"由此产生摩擦。即便点数相同，疑心重的男人也会说："岁数相同，就不会是别的家伙吗？"于是就在手臂和大腿互相刺名字，"刺字"开始流行。

男人和女人的关系，不论什么时代都既麻烦又复杂。对于妓女来说，相好的人也未必能跟一辈子。有了其他自己喜欢的人，先前刻上的名字就必须挖掉。这时要烤皮肤，刻上新的名字，痛苦颇多。其中也有自暴自弃的，胡乱刻上很多客人的名字，还说："这回吃香了吧！"反败为攻了。

相中也好，痛快也好，最终都要施墨的。事后为难也罢，信口胡说也罢,都是出于自己的意愿。但是,对于那些因犯法而被刺字的人来说,那是永远抹不掉的标记,令人难以忍受。

刺字刑比刺痣要古老得多。《日本书纪》有记载:"对于反叛天皇,判死罪者减刑,代之罚以墨刑。"当时叫作鲸墨刑,据说刻在面部。此后,日本经历了"大化改新",仿效中国的法律,鲸墨刑废除(之后的一千年里绝迹)。镰仓时代以后,有火印之刑,即把烧红的烙铁按在额头上,留下印记,这和鲸墨刑一样是永远抹不掉的。室町时代末期一直持续到江户时代的是更残酷的挖鼻削耳之刑。

享保五年(1720年),吉宗当政,废除挖鼻削耳之刑,制定了鲸墨刑。以刑罚历史观来看,鲸墨刑有其进步性。鲸墨刑在形式上虽然有变化,但在伤害人性的残酷性上没有什么改变。人们以为被施以鲸墨刑者一定是犯重罪者,非也,只限于轻度犯罪者。在此之上的重刑还有流放、死罪等刑罚。比如入伙强盗,致使他人受伤,即使未遂,也是死罪;虽非主犯,协同犯罪者也是死罪;撬开土窑者,死罪;窝藏失踪者,死罪;偷盗10两黄金者,死罪,这样列下去,没完没了啦。所以鲸墨刑是指勒索、诈骗、掏包、销赃、赌小钱、一时兴起偷点小钱的小偷小摸的犯罪,绝不是重罪犯。

鲸墨刑因时代和地方的不同,各种各样,但是一眼望去,就可以知道他在哪里犯的罪。

鲸墨刑虽然比死罪、流放轻，可一旦被刺了字，被人知道，就不会被当作普通人来对待，而是会被人叫作刺字者并受到歧视。因有这样的历史背景，所以人们忌讳把文身和刺字混淆在一起。

我不清楚文身的说法始于何时。据说享保六年（1721年），近松左卫门的戏剧《女杀油地狱》中已经出现文身一词，很显然，在此以前人们就明确地将鲸墨与文身在使用时区别开来。这个时期不写刺青，而写文身、雕青。雕青主要指刻字，没有绘画之类的东西。偶尔刻些纹络，或者文一点点小画，而且都是外行人所雕刻的程度。文身为绘画，成为装饰性的作品，那

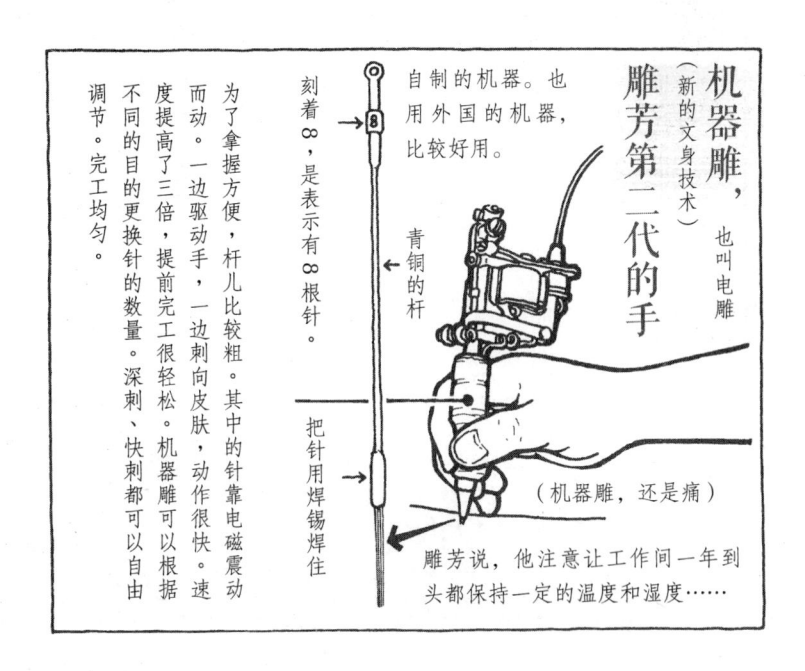

机器雕，也叫电雕（新的文身技术）

雕芳第二代的手

自制的机器。也用外国的机器，比较好用。

刻着8，是表示有8根针。

青铜的杆

把针用焊锡焊住

（机器雕，还是痛）

雕芳说，他注意让工作间一年到头都保持一定的温度和湿度……

为了拿握方便，杆儿比较粗。其中的针靠电磁震动而动。一边驱动手，一边刺向皮肤，动作很快。速度提前了三倍，提前完工很轻松。机器雕可以根据不同的目的更换针的数量。深刺、快刺都可以自由调节。完工均匀。

"文身"的初衷是歌川国芳的武士绘版画。雕锦为收集其版画如醉如狂。他的收藏了不起。据说他曾千方百计地收集，旧书市是必去场所。

以前的文身，只用墨的浓淡及朱、茶三种色，如今雕锦从澳大利亚引进了70种颜色。他说："从我的偏好来说，不喜欢多色的。"

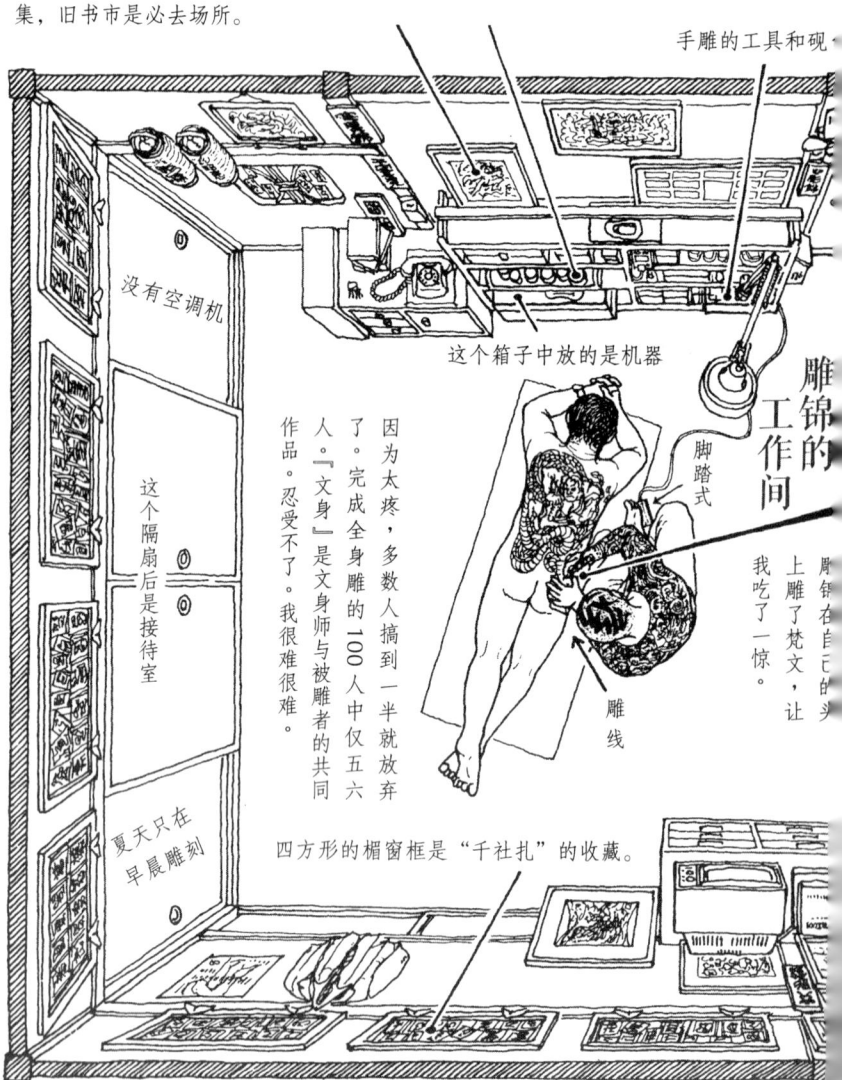

手雕的工具和砚

没有空调机

这个箱子中放的是机器

这个隔扇后是接待室

雕锦的工作间

脚踏式

雕锦在自己的头上雕了梵文，让我吃了一惊。

因为太疼，多数人搞到一半就放弃了。完成全身雕的100人中仅五六人。『文身』是文身师与被雕者的共同作品。忍受不了。我很难很难。

雕线

夏天只在早晨雕刻

四方形的楣窗框是"千社扎"的收藏。

是很晚的事。

文化二年（1805年），出版了由龙泽马琴翻译，葛饰北斋绘图的中国《水浒传》的译本《新编水浒传》，用现在的说法，是畅销书。《水浒传》中的英雄好汉多是反抗朝廷的，即所谓的造反者。他们接二连三地惩治当权者，读了这些书的老百姓，常常对耀武扬威的武士阶级不满，为书中的人物欢呼喝彩。书中活跃的人物，史进身雕九条龙，鲁智深身雕大花，以此为机，文身一时时兴起来。

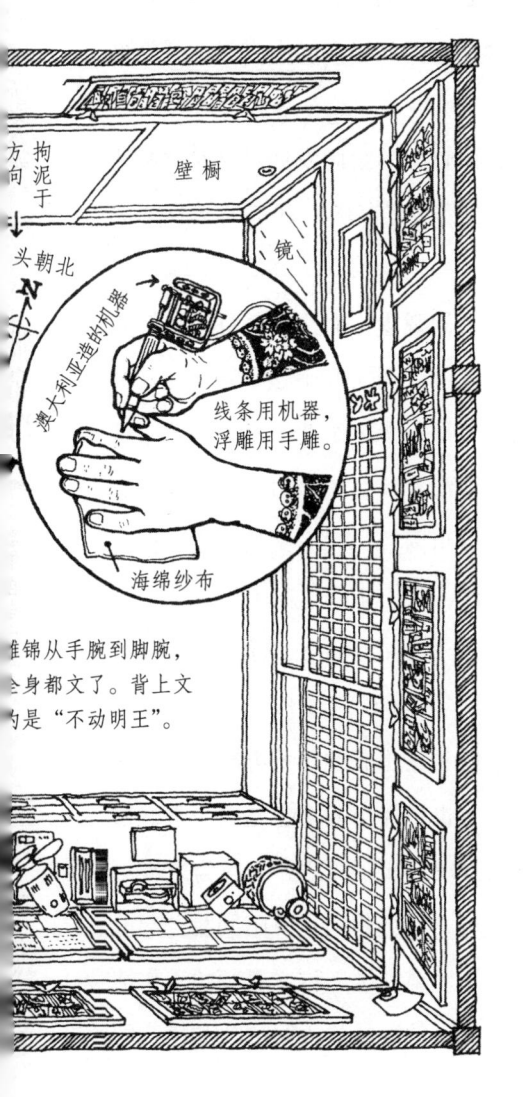

在镇上承担灭火工作的消防人员开了文身的头，显示其威风劲儿。当时张贴的"灭火奉行所"招贴画，上边画着武士身披防火披肩，把这样的画

直接雕在身上。他们痛快淋漓地骂道："武士能他妈的忍剖腹之疼，咋地，看我身上的'龙'，能忍受疼痛的不光是武士。"不仅消防人员，以木匠为首，艺人、艄公、鱼贩、轿夫，凡是干活时露出皮肤的行业的人都文身。如果自己不文身，就觉得没面子。

这样一来，文身开始向画面较大的绘画发展。这时"起请雕"那些外行人搞的玩意儿已经没有市场，真正的文身师诞生，充分发挥了绘画的才能。

官府将文身视为一种反权力的观念，而且对其日趋流行非常头痛，于文化八年8月（1811年）对文身下达了禁令，其根据是文身与当时盛行的"损害父母赐予之躯谓不孝"的儒家思想相抵触。但是，这对百姓来讲没有什么说服力。禁令发了多次，但文身不衰。浮世绘画师歌川国芳的武士绘的出现，使文身与刚强有力、华丽多姿的图案一起迎来了全盛时代。

我想亲眼一睹日本独特的文身现在是怎么被继承下来的。有人告诉我说："文身师都有各自的雕法和秘传，不愿意让别人看他们的手法和工作现场，我看还是有些不好办吧！"听他这么一说，我就更想看了。我想也许提出要求也是瞎子点灯白费蜡，但没想到得到的回答是Ok，"请来看吧"，我为之喜不自胜。多亏了朋友为我牵线搭桥，鼎力相助，并陪同我一起前往，于是我就愉快地、毫无遗漏地窥视了三位文身师的工作情况。这三位是麻布的雕芳第三代、竹町的雕文第二代和横滨的雕锦。

文身的基本方法有两种，一种是传统的手雕，另外一种是靠电动机械来雕，称为机器雕，也叫电雕。三位都在这行当中苦心经营多年，其雕法各不相同，让我感到有些意味深长。雕芳"原本是手雕，六年前开始电雕"；雕文"采取江户时代以来的手雕"；雕锦"手雕和电雕并用"。不仅雕法，房间的大小、气氛、个性都有不同（真实的数据不清楚，不论巧拙，全国共有 100 个文身师……）。这里以雕锦的工作间为例进行描绘。

手雕和电雕相比，电雕用时少，雕刻快、细腻；手雕费时，线条粗，远望时强劲有力。萝卜白菜，各有所爱，很难说哪个好，哪个赖。比方法更重要的是"所雕刻的画是不是好画"，这决定了文身的一切。

这次采访还见到了二十几位文过身的人，他们给我看了很多照片。都说是文身，但实际上各有不同。既有能称得上"活的浮世绘"的精美绝伦的文身，也有不敢恭维的很糟的文身，那时我就会来一句："雕的时候，一定很疼吧！"尽说些明知故问的傻话。但我想这至少是对其忍耐了痛苦和辛劳所给予的夸奖，此外再就没词了。他们身上被文的图案再糟糕，无论如何也要带一辈子，实在可怜之至。浅草雕睦会会长秀松说："'文身'必须是想要完成的漂亮图画，其中有些卑鄙的家伙为了吓唬人而雕刻，这样的人叫'唬人雕'，和真的文身师不同，我们就因这号人的存在而被误解并遇到麻烦。文身不是那么容易的。"

有的文身师听了这话可能要生气,然而事实上,现在的文身中有很多的绘画质量很低。究其原因,是明治政府采取了比幕府更甚的镇压措施,导致对文化的破坏。当时过于加速西化,将文身视为未开化的野蛮风俗,如果让外国人看到,肯定把日本看成野蛮的国家。

明治五年11月颁布了法令,"犯此罪者罚以75钱以上、1元50钱以下的罚金。"明治十三年颁布的刑法对文身有如下规定:"刑法第428条,在身体上进行文身,或者以此为业者,要被拘留一天或处以80钱以上、1元以下的罚金。"然而,这对从事文身的人来说并不是多么重的处罚,也没起到什么作用,也没成什么气候。可是据明治四十一年出台的《警察犯处罚令》,处罚一下子提高了30倍。"给自己以及给他人文身者,拘留30天或处以20元的罚金。"文身果然如衙门官府所说的那样,是野蛮的风俗吗?

明治政府愿意给西洋人看的是"鹿鸣馆的舞蹈会",而不愿意让外国人看到令他们感到棘手的文身。这两件事在外国人眼里是如此相映成趣。被招待参加鹿鸣馆的外国高官给本国的报告中这样写道"我没有见过这样奇妙的舞会",惊讶到极点,同时也有点揶揄的味道。另一方面对他们文身则赞不绝口:"这么美丽的绘画式的TATTOO(文身)从未见过。"再举一例,明治十四年,两个海军军官来到日本,他们是英国国王的孙子,提出希望

欧美一例TATTOO（文身）图案。一点点地挖雕。

现在在欧美，日本的图案非常多。

把"日本优秀的TATTOO雕在自己身上"。负责接待的日本外交官吓得都瘫成一团，拼命劝说"高贵的先生还是不要那种野蛮玩意儿"。但两位殿下不改初衷，最终为满足其愿望，由横滨的雕千代为其在双肩上雕了"升降龙"，两个人乐不可支地回国了。

明治三十七年，英国国王授予明治天皇嘉德骑士勋章，由其弟康诺德殿下带着勋章代替自己前来日本。康诺德殿下非常希望文身，政府高官无法拒绝国宾的要求，惊慌失措。平日镇压、追捕，今天不得不请第一代雕宇（给竹町雕文雕"长润斩浪"之人）出山，给滞留在日本的殿下雕了个"不动明王"。怕将此事泄漏的官府，隐瞒事实。我反复地翻了当时的报纸，只记载"在日本静养"，没有涉及文身。但是老百姓口口相传，都是知道的。"官府视之为野蛮风俗，进行禁止，但是文明国家的皇室文了身，我们文身有什么不好？"百姓大为不满。政府在明治四十一年颁布的《警察犯处罚令》中要罚30倍，但因此事而不了了之。

现在的时代，与当时政府使用的手法完全相同。具有讽刺意味的是，被追捕的雕宇在其去世的三年前，83岁高龄，被捉拿归案。据说文身师中有的一年搬一次家。这个法律在昭和二十三年（1948年）（在美国的建议下）废除了。

在这期间没收、烧掉的，以国芳为代表的名画不计其数。我一想到此就惋惜不已。失去的再也找不回来了。

1978年7月

电视广告制作的背后

电视屏幕播放的广告片,据说平均月产1000条。

似乎其中还包括15秒的插播型,以及30秒、60秒的短片型。即便如此,"一个月1000条作品接连不断地制作出来……",让我为之震惊。那么到底是怎样制作出来的呢?我是真想窥视一番。可是听说要窥视广告片制作,那可出人意料的难。

的确自己想得简单,而且也太天真了。你想象不到他们对于保守秘密有多么严格。在一年里的一万几千条广告中,如何显眼,如何不被埋没掉,如何给人留下印象,制片人各自制定绝招,把一切的赌注都下在这一条广告上。

新产品上市的广告制作,特别是在极其重要的会议上发的文字资料和草图等全都要收回。听说直到拍摄前,新产品本身也不会在辅助人员面前亮相。

从制作之初，能仔细看的就只有从事制作的人。除此之外的人全都被拒之门外。

我托朋友岬大介帮忙，他是广告美术设计师，目前正在设计一件大作品。他踌躇了一会儿，决定让我来充当他的助手，潜入进去。当您读到我写的这段文字时，那个作品已经在播放中，每个家庭的电视画面都映出的"海狸牌空调器"的广告就是他们制作的。

广告一播出，就没有秘密可言了。但是在开始制作时，这个广告为了严格保守秘密，用尽了心思，因为有情报说"有迹象表明 T 公司也采取同样的制作思路"。我也不得已对岬某保证"在这个广告播放之前，绝不对任何人透露一点儿消息"。一句话，"电视广告"是千差万别的，其规模、制作方法全都不同，但是在严守机密这点上，所有制作电视广告的人都是一样的。

最初的策划始于去年秋天，当时正值《星球大战》《遭遇未来》等影片在美国热播。这些影片传到日本，在 1978 年这一年里掀起了科幻片热潮。这么一来，就想出了"海狸牌空调器"这个在科幻片热潮中一起腾飞的主意。

同意开始秘密制作是在 11 月。在社会上，广告宣传业最能搞"抢先"和"搭车"，所以当揭开盖子看时，大家的想法大同小异，也就没有什么奇怪的了。这边是 UFO 飞来，竞争对手的公司则是 UFO 飞去，这么一来"先出什么招""不光是

UFO 闪着光芒飞天而至，星空是由 4 种视觉光学效果合成的。
海狸周围的光是动画的。这个画面是由 10 种不同类型的画面重叠而成。

宇宙飞船船体的框架是铁制的，地面是树脂板。从地下可以透出光来。

所播放的一个电视广告的场面

先拍摄海狸所在飞船的内部，再做一个那种形状的罩，再拍摄 UFO 和星空。

火箭比 UFO 先到，一飞即逝。

下手快""制作什么样的东西"以及"给观众看什么"等因素将决定生死成败。

制作这个作品的电通电影公司的制作负责人冢越说："电视广告和体育运动相似，在'今天'哪个搞得快，哪个有卖点，在时间抢点是否能得到好评，是关系到其成功与否的问题。因此，在集合创造广告的辅助人员时，和努力召集运动员一样，召集那些'今天仍为现职'的人。"在年末的 12 月 24 日，集合到的方方面面的人士，的确都是"今天仍为现职"的人。

第一次会议，向所有辅助人员发放了"铅笔素描图"，由电通电影公司的导演佐野说明这次电视广告的策划意图，也就是说，他这个人似乎是让制片人认可接受的主创者。他说："这个空调器，电压为100 V，单相的，其目标是瞄准在公寓过单身生活的青年人。我们的制作完全是一种科幻电影的状态，很好玩，年轻人会自然而然地被吸引过来。有这样的把握和信心，所以我们这样设计，即把空调置于宇宙飞船中。这个商品的卖点在于被称为'新自动3'的全自动调节上，想用很酷的科幻电影形象来表现其自动工作的机械常识，而且乘坐宇宙飞船的是摘掉头盔露出来的海狸。这个地方让人看得大吃一惊。如果做成了漫画式的，那就不灵了；但是过于现实了，令人感到阴森可怕更不好。这么做下去，男性可以接受，女性会出现什么反应，现在还没有比较明确的预计……"

我一听，他们似乎是在一年以前对我们的偏好倾向做过彻底的调查后就开始进行操作的。我也是那种看了科幻片子，马上就想要（购买）的那种条件反射型的人，今后可得留点神！

会场中，有个人黑天也戴着墨镜，络腮胡子，笑眯眯的。他就是著名的导演大林宣彦，他不仅拍电视广告，去年还拍了两部电影，其中之一《房子》还得了蓝带奖中电影新导演奖，从此名声大噪。他的工作方法是绝不命令、强求对方，"不是让人家去做，而是让人家自己产生要干的心情；愣让人家干，也干不好。当人家想干了，你自己也必须同样地加入进去。"

大家熟悉的电视广告《嗯，曼达姆》中的查尔斯·布龙

电视广告制作的背后 | 145

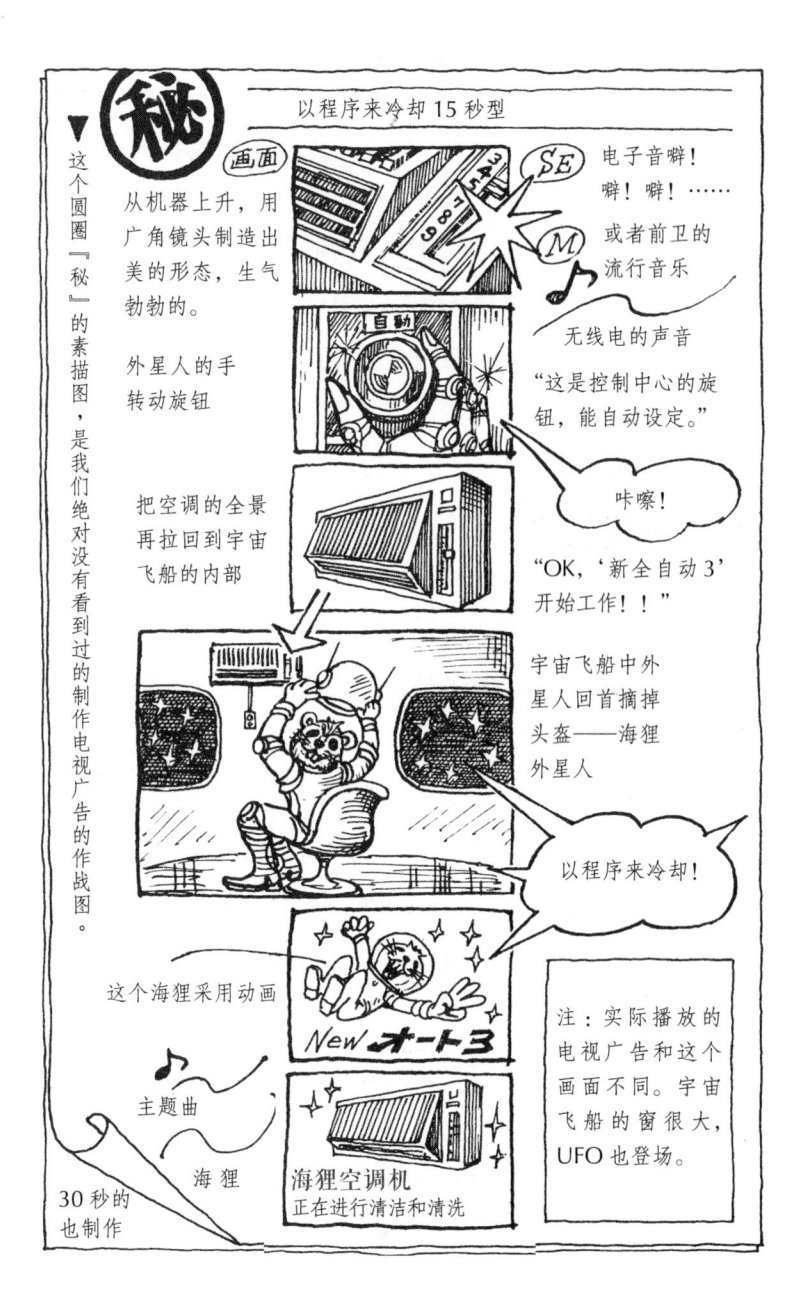

㊙ 以程序来冷却15秒型

▼这个圆圈『秘』的素描图，是我们绝对没有看到过的制作电视广告的作战图。

画面

从机器上升，用广角镜头制造出美的形态，生气勃勃的。

外星人的手转动旋钮

把空调的全景再拉回到宇宙飞船的内部

SE 电子音嗶！嗶！嗶！……

M 或者前卫的流行音乐

无线电的声音

"这是控制中心的旋钮，能自动设定。"

咔嚓！

"OK，'新全自动3'开始工作！！"

宇宙飞船中外星人回首摘掉头盔——海狸外星人

以程序来冷却！

这个海狸采用动画

New オート3

主题曲

海狸

海狸空调机
正在进行清洁和清洗

注：实际播放的电视广告和这个画面不同。宇宙飞船的窗很大，UFO也登场。

30秒的也制作

森,《单身生活》中的跳舞的苹果明星,《拉—塔—塔》中的索菲亚·罗兰等等,数不胜数,很多人都被他搬上电视广告,并自觉自愿地来做。大林导演边笑边说:"大家一起高兴地玩玩。要搞就搞得像《遭遇未来》那样,遭遇到光芒四射的UFO。今天找了这么多人,能够碰到惊人的UFO。"

实际上,当时日本还没有放映《遭遇未来》,在美国看过的只有两个人。一个是大林,另一个是岬。据他们说是通过特技摄影后再把影像合成。桌子上放着有《遭遇未来》照片的小册子,我一边问一边看照片,辅助人员点头称是:"原来这样,原来这样!"我却一窍不通。干这行的真不愧都是行家里手。

他们大胆地说什么"这云,往水槽里放进颜料,从后面打灯"啦,"这个大UFO的镜头,从棱线以上进行合成"啦,"虽然是个比较单纯的面罩,处理得很好"等。没有看过拍电影的人,要弄明白特技摄影也太不容易了,真遗憾!

跟上大林导演各个部门的行家,积极献计献策。在没有素描图的情况下,就决定制作大UFO。《遭遇未来》在2月25日上映,这个电视广告开始播放是在2月10日,可以说比电影还早就放飞了UFO。

三天会议后,岬设计师拿出他所设计的UFO,那是直径接近两米的大圆盘,上有7000个电灯泡。他说:"根本无法与《遭遇未来》中的相比,但这应该是日本第一个……稍微有点担心观众能否真的接受。"

这是宇宙飞船的内部，即便想也想不出来。实际上感到灯光过热。这个做好后，能在宇宙中飘浮。电影是魔术。

大林导演 ↙
阪本摄影师 ↓
一会儿在这里做镶嵌星空的工作
后边是黑色背景

12月28日早晨，我跟着岬设计师跨进东宝摄影棚。等候的美术制作方面的人士，看到UFO的设计物，大为惊愕。电子装饰美术的老板后藤吃惊地说"你设计出来就了事，可是我们要把灯泡一个一个地安上，7000个灯泡，线要多一倍，14000条呀！要做也不是做不了，这可是从未有过的工作。圆盘本身必须全部用金属做，让光在移动中一闪一灭的线路有12条，你，新年不休息也干吗？"其声音近乎于悲嚎。岬设计师诚心地说："想点办法吧！"作为助手的我一起低头请求。他虽然口中也说："这可容易吗？"但是其内心中很想试试搞搞，这是以前根本没有制作过的UFO。真是有工匠气魄的电影人哪！

"拍剧场电影的科幻片，这样程度的能不能让我们做？最近搞的电视广告片比正式的电影片都耗资……再宽限几天怎么样？如果要搞，就搞个响当当的。"

UFO做不出来，也无法拍摄。讨论的结果，决定"摄影延期"。

另一方面，宇宙飞船里边的设计，与UFO相比，也不能简单从事，过于俭朴。既然制作，把所有的仪器都和真的一样摆好，那可是外行人的想法。一瞬间要让观众看太多的东西，反而会减弱吸引力。我不假思索地来了一句："果然呀！电视广告每一细节都要一一考虑周到，如同电脑计算过一样，了不起！但也够可怕的。"岬设计师在桌子下边踩我的脚，在我的耳边嘀咕："你的助手身份暴露了，我的设计就要被枪毙的。"

1月18日，终于进入拍摄阶段。这个电视广告分两天拍。这一天拍商品的特写镜头和宇宙飞船中的海狸外星人。

宇宙服是由简易的潜水服改造加工的，全都涂上银色。演员穿上衣服后，再戴上海狸的假头。23岁的扮演者冈本曾饰演过假面骑手以及特种部队战士美洲豹等专门角色。即便如此，此次扮演海狸，在强光下烤着，也是很重的活儿。休息的时候，鞋里积满了汗水，把鞋倒过来"哗哗"地流，而且倒了好几次。

摄影的时间从早晨9点开始到第二天早晨9点，24小时连

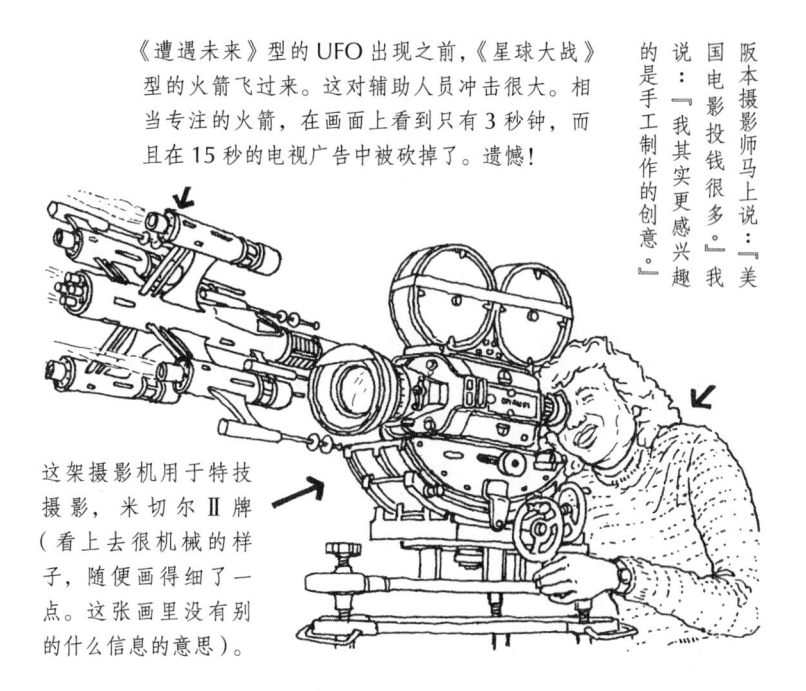

《遭遇未来》型的 UFO 出现之前，《星球大战》型的火箭飞过来。这对辅助人员冲击很大。相当专注的火箭，在画面上看到只有 3 秒钟，而且在 15 秒的电视广告中被砍掉了。遗憾！

阪本摄影师马上说："美国电影投钱很多。"我说："我其实更感兴趣的是手工制作的创意。"

这架摄影机用于特技摄影，米切尔Ⅱ牌（看上去很机械的样子，随便画得细了一点。这张画里没有别的什么信息的意思）。

轴转。1月22日正式拍摄，是在东宝摄影场的第5摄影棚拍摄的，精心制作的UFO悬挂在空中。拍摄的是光芒四射的UFO从远处的宇宙空间迅速逼近的镜头。实际上UFO不动，仅仅变换角度和方向，呈现出飞过来的动态。这是人们推动装有摄像机的摄影车，在轨道上移动，逐渐靠近UFO这种极简单的方法。你还不能简单地否定，虽然这电影中极其简单的摄影方法。阪本摄影师却说："使用这种带电脑的摄影机，当然能拍好的了！"他可是去美国会见了《星球大战》特技摄影班子，并做了仔细研究才回来的。《星球大战》特技摄影的秘密之一

两边是黑漆的涂过的布窗帘

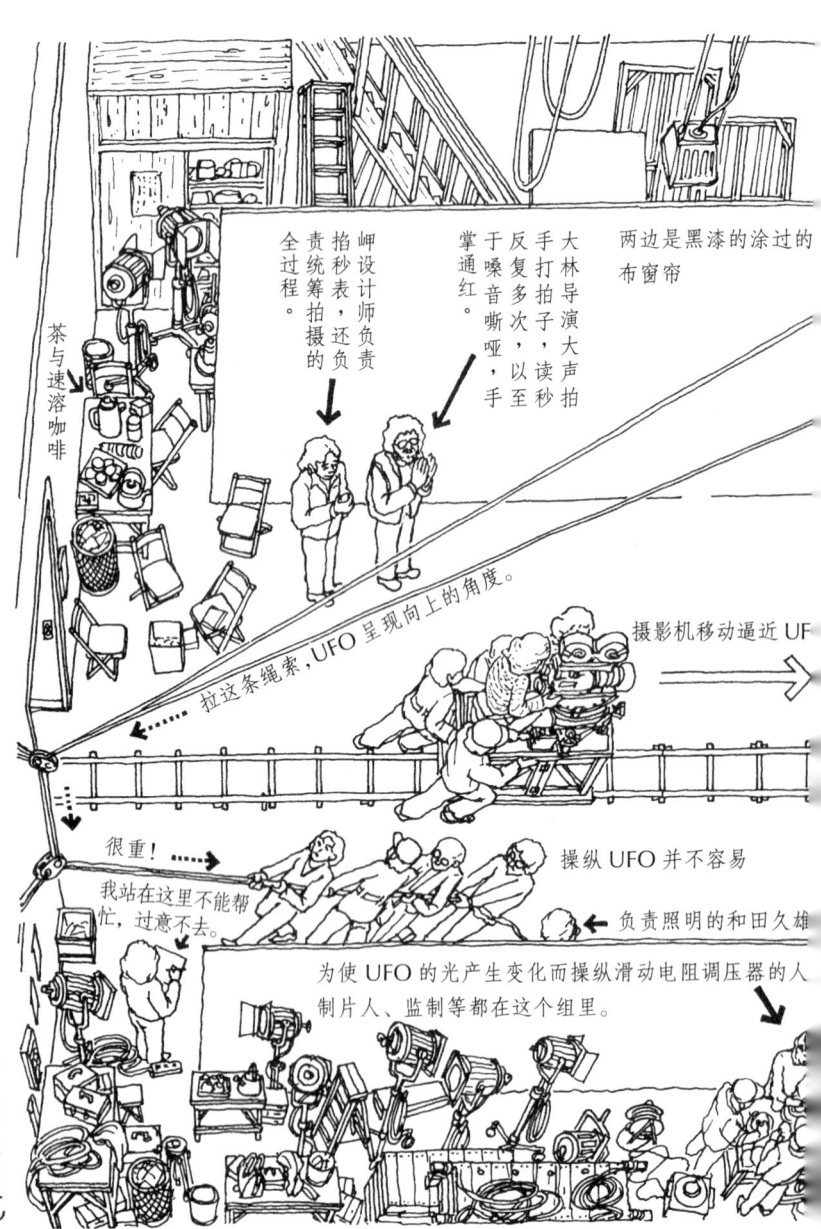

大林导演大声拍手打拍子，读秒反复多次，以至于嗓音嘶哑，手掌通红。

岬设计师负责拍秒表，还负责统筹拍摄的全过程。

茶与速溶咖啡

……拉这条绳索，UFO 呈现向上的角度。

摄影机移动逼近 UFO

很重！……
我站在这里不能帮忙，过意不去。

操纵 UFO 并不容易

← 负责照明的和田久雄

为使 UFO 的光产生变化而操纵滑动电阻调压器的人
制片人、监制等都在这个组里。

（1978·4）

电视广告制作的背后

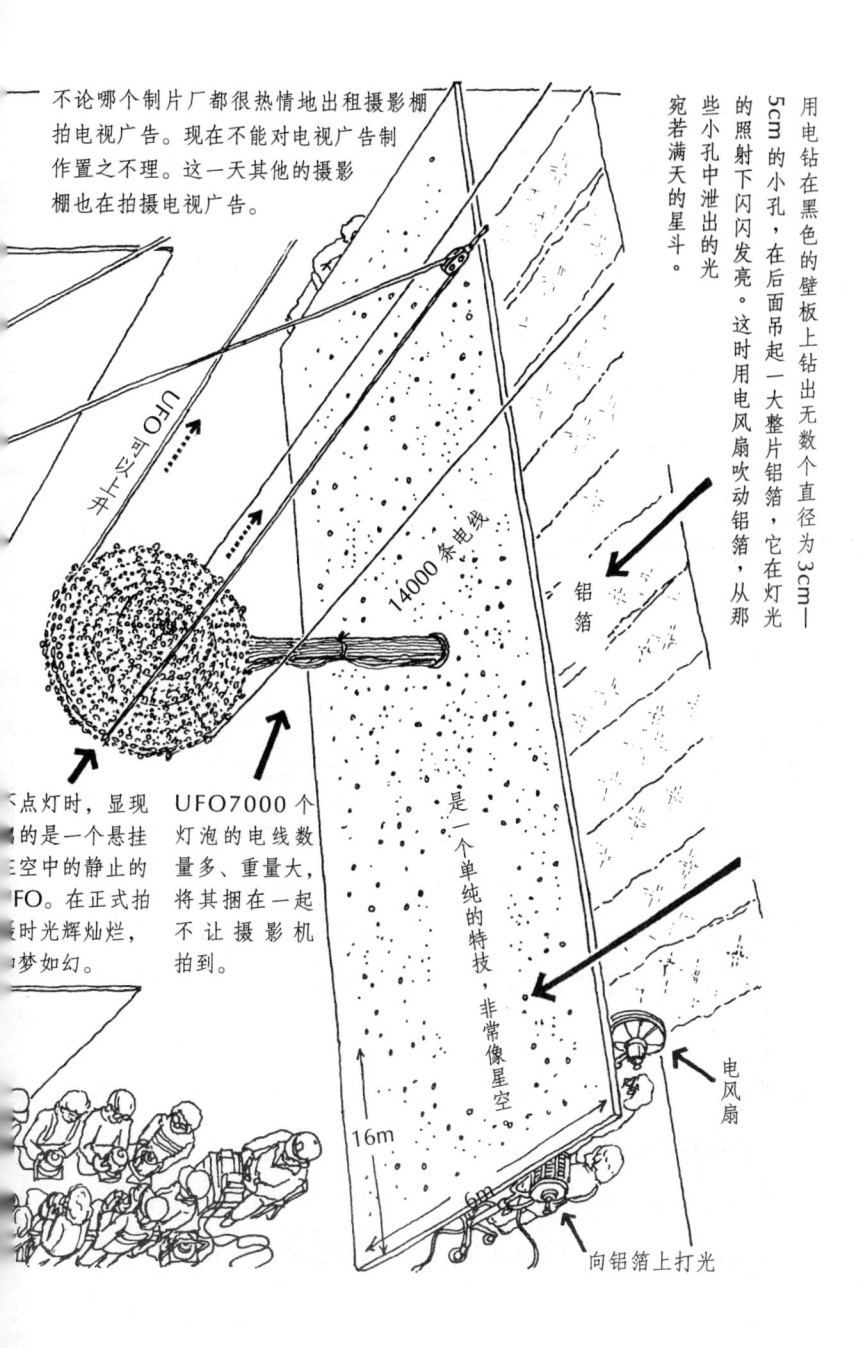

不论哪个制片厂都很热情地出租摄影棚拍电视广告。现在不能对电视广告制作置之不理。这一天其他的摄影棚也在拍摄电视广告。

用电钻在黑色的壁板上钻出无数个直径为3cm—5cm的小孔，在后面吊起一大整片铝箔，它在灯光的照射下闪闪发亮。这时用电风扇吹动铝箔，从那些小孔中泄出的光宛若满天的星斗。

UFO冉冉上升

14000条电线

铝箔

是一个单纯的特技，非常像星空

点灯时，显现的是一个悬挂空中的静止的UFO。在正式拍时光辉灿烂，梦如幻。

UFO 7000个灯泡的电线数量多、重量大，将其捆在一起不让摄影机拍到。

电风扇

16m

向铝箔上打光

就是使用带微电脑的摄影机。不久，在日本，这个时代也会到来。现在只能搞人海战术。在演播大厅中分别部署，分每人担当一项工作。改变 UFO 光的类型，一个人只能操纵一个滑动电阻调压器，一共有 12 个，就需要 12 个人；变换 UFO 角度的有 4 个人，还有匀速推移动车的人、摇摄像机转动头旋转柄的人等，共 30 人。这 30 个人都配合大林导演读秒的声音，各自按照规定行动，我听到了 1 秒的喊声。这里甚至精确到半秒该怎么做。比如说"1 和 2 和 3"是指半秒。我从来没有见过这样有条不紊的交叉作业。他们平均年龄 40 岁，靠的就是认真。

在摄影棚的黑暗中，辉煌无比的 UFO 美极了，搞电子装饰的人看得眼花缭乱，深深地感叹道，"这 5 天几乎都是干到通宵，看来值得啊！"

只是大家稍微有些浮躁。在拍摄 UFO 的过程中，有几次搞坏了心情。那密密麻麻排列的灯泡，一下子要灭掉几百个。哪排有一个短路，整个电路就要断，那就要在几百个灯泡中取出蹩火的。完全绝缘是非常麻烦的，是个细心的活，有这样的意外，搞后台的人毫不气馁，开心地工作，即便是等候也没有焦躁不安。与企业战略的苛刻形象相反，拍摄现场辅助人员的亲切，让我佩服得笑了起来。

UFO 拍摄完后，是拍摄满天星空和宇宙火箭飞来的镜头，先分别拍摄了 4 个不同的星空，然后再把胶片重合制作成一个星空。这也是采取由远至近的拍摄方法。火箭喷出的白烟，10秒钟左右就消失，为了掌握火候反复排练了好几次，到第 7 次才正式拍摄。终于拍摄成功。"大家辛苦了。"

这天拍摄完毕，已经是接近天亮。仅拍摄就花了两个通宵。到彻底完成还有很多工作要做，岛村达雄要在拍摄的胶片上加入动画，东洋洗印厂的大桥静男做合成加工。这种工作好像叫作制造光学错觉。这个电视广告是 10 种以上的胶片重叠合成，经历了令人发昏的制作工序，此外还要编辑和复制，实际上相当费事。终于完成制作，在 2 月 8 日召开了试映会。

这个电视广告为 30 秒，主要播放的是 15 秒的内容。仅仅为了这 15 秒的内容，究竟有多少人度过了多少个不眠之夜呀，而且大家都是心甘情愿的。通过这些行家的手，才能够制作有趣之极的电视广告。但是，我倒是希望大家不要被电视广告给骗了。

红帐篷和黑帐篷

昨天这里还是空空如也的场地,今天突然冒出了个大帐篷。

我至今还记得孩提时马戏团到来那天的激动心情。因为马戏团太吵太闹,常让大人们感到困惑不安,所以,平日里父母就向孩子灌输马戏团如何可怕的思想,而且一有什么事,就拿马戏团来吓唬小孩,"不听话的坏孩子会让马戏团拐走,不知带到什么地方去。"

从我接触第一个马戏团起,就觉得马戏团和父母所描绘的大不一样。的确,演出前帐篷周围晾晒着洗的衣服,缭绕着烧火做饭的烟雾,飘荡着一股寒酸的气氛,散发着与我们日常生活不同的气味。

当帐篷里响起吹奏乐,秋千荡在空中,马戏开场时,世界为之一变。当知道脸上涂得白白的、扮演小丑的叔叔就是刚才在帐篷后边抱着大碗狼吞虎咽的那个人时,我会兴奋万分。最

红帐篷和黑帐篷

在新宿高层楼群的峡谷里出现了红帐篷《状况剧场》

这幅风景是1979年夏天演《大都会》时的情景。这里的土地为东京都政府所有,如今已经售出,正在建筑高楼。

> "在没有剧场的地方建剧场。"要达到这一目的,使用帐篷是最合适不过的了。此前从高岗公寓发端,以小剧场形式在各处巡演。帐篷活动开始后,突然出现红帐篷在日本各地的旅行演出。有时在九州筑丰的煤矸山……进一步到外国演出。

后甚至胡思乱想地希望跟他们的帐篷一起去旅行。

我与戏剧结缘也许就是从马戏团的帐篷开始的。我思考了一下为什么大人要拿马戏团来吓唬孩子呢？那是因为马戏团偶尔才来一次，觉得他们这些带来日常生活中所没有的东西的人们"形迹可疑"，是"靠不住"的，其背后又被自己是"长住居民"的道德观和逻辑所蒙蔽。正是在这种"煞有介事"中的"不可靠"，难道不是才更可怕吗？

查阅了欧洲和美国的马戏历史，同样也可以看到长住居民和流动草民的敌对和差别。

1968年6月，在东京中心新宿的花园神社里边，搭建起了唐十郎率领的"红帐篷"，给我以鲜明猛烈的冲击。他们上演的是《围腰的阿仙》，而不是马戏。这给那些抱有"演戏都是在剧场中"这一固定观念的"戏剧界的长住居民"一次很大的震动。

问唐十郎："为什么帐篷选择红色？"答曰："红色令人心跳，创造出你想象中的胚胎那样的空间。"

现在的红帐篷是第二代。第一代是极普通的帐篷，没有四只柱子支撑。据说"想做成冲向天空的形状"，在制作第二代帐篷时，设计成现在这种形状。在支帐篷时，先让四根柱子躺在设营的地方，20人去竖一根柱子，然后拉上钢丝绳，再去竖下一根。一共四根，像旗杆，每根旗杆各用两根钢丝绳向四方拉开，在地面上砸入桩子固定住。搭建帐篷需要四个小时。红帐篷也和马戏团一样，在一个地方要住上几天，进行公演。与其

第一，黑帐篷的场所需要在公有地的公园或空地，他们相当拘泥于这样的地方。第二，黑帐篷的机动能力非常强，到达演出场所马上演出，第二天早晨又能开拔到别的地方。帐篷本身的构造出自大发奇想，非常独特，据说是建筑师斋藤义的大手笔。利用两台装载器材的卡车把帐篷拉开来搭建，据说是世界上独一无二的施工程序（制造帐篷的厂家与"红帐篷"是同一公司——KK太阳帐篷）。搭建过程很难用文字描绘，照片也不顶事。这回一人独占，只好用手绘，用了相当多的纸面。

四台车再加一辆小面包车巡回演出。C车（发动机），D车（小道具和服装），B车（帐篷、照明、音响器材），A车（钢架、座席用的器材）。

听说1980年4月15日要在西新宿东京都所用的5号地搭建第二代黑帐篷，我冒雨前往观看。第一代帐篷被去年10月19日的台风撕裂，于是按照原样做了个新的。这天是亮相日。最先到达的C车在空地的入口陷入泥中抛了锚。地面比想象的软得多，而且还下着雨。进行了各种试验都无济于事。叫来了起重机，轻轻一吊就救出来了（而且免费）。

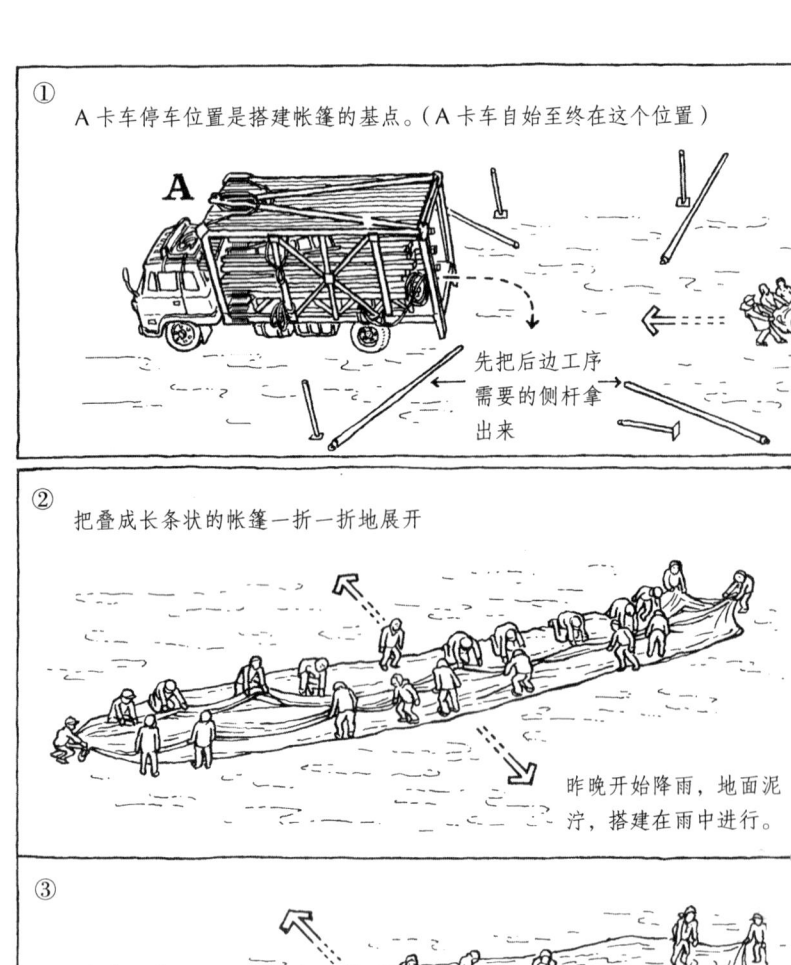

① A卡车停车位置是搭建帐篷的基点。(A卡车自始至终在这个位置)

先把后边工序需要的侧杆拿出来

② 把叠成长条状的帐篷一折一折地展开

昨晚开始降雨，地面泥泞，搭建在雨中进行。

③

B 卡车与 A 卡车对应作业，或退或进地移动。

仿佛掏内脏一样，把叠成细长形的帐篷拉出来。

需要 20 个人搭建。似乎没有严格规定每人的位置。各自随便操作。

④

⑤

往横的方向叠

⑥

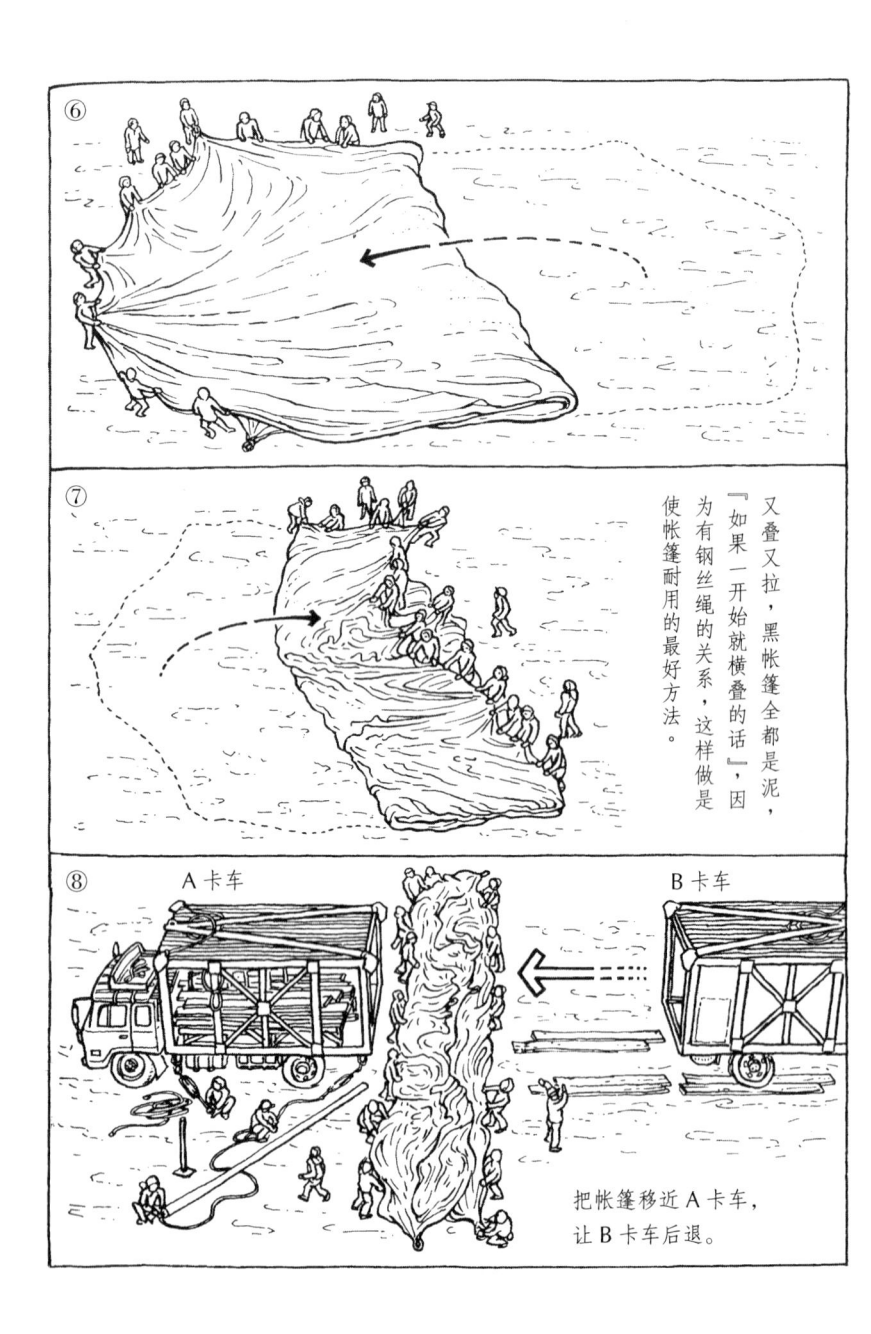

⑦ 又叠又拉，黑帐篷全都是泥，「如果一开始就横叠的话」，因为有钢丝绳的关系，这样做是使帐篷耐用的最好方法。

⑧ A卡车　　B卡车

把帐篷移近A卡车，让B卡车后退。

⑨

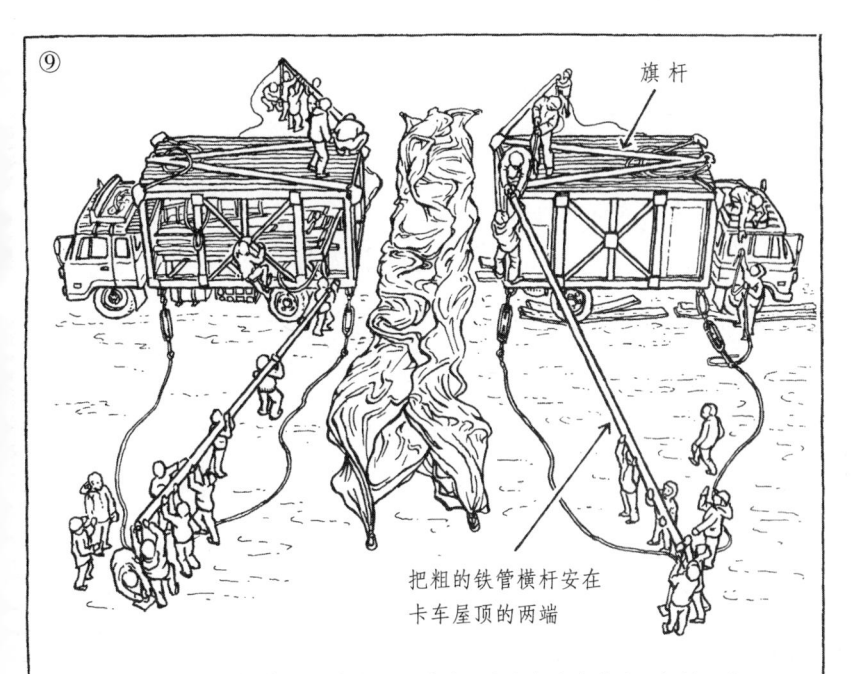

旗杆

把粗的铁管横杆安在卡车屋顶的两端

没有号令,每人选择各自能做的部分动手。看上去非常散乱,但是工作进行得出人意料地快。就在同一个地方曾进行过消防训练。当时又是口令又是哨声,排队叫号……二者截然不同。

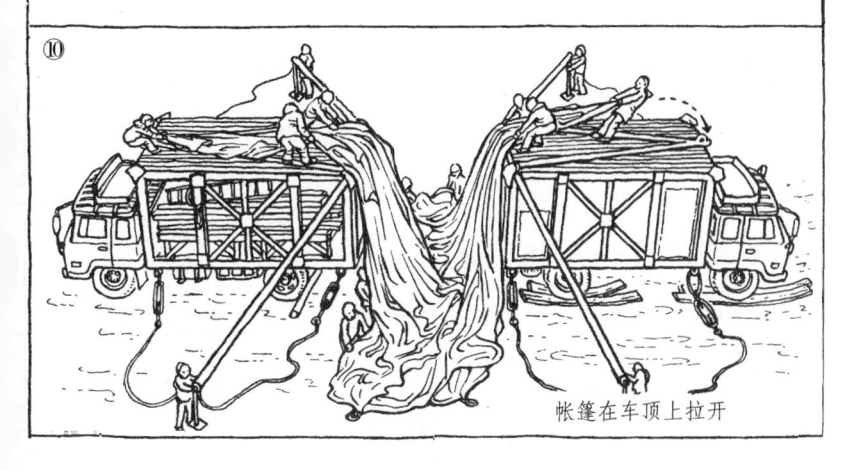

⑩

帐篷在车顶上拉开

说考虑搭建所需的时间，不如说着眼点放到在什么地方搭建。要能够充分扩展帐篷，客人多就向周围扩展，要有多少客人都能收进去才行。"定员嘛，按照消防署的规定为404人，然而增加到1400人也能容进去。"真是一座变幻莫测的帐篷。

因为竖了柱子，打了桩，所以被以法律上的"临时建造物"，即"海洋之家"等季节性的临时建筑来对待。

与红帐篷相对应的还有黑帐篷，他们是在各地搭黑帐篷进行公演的剧团。正式的名字是"68／71"，虽然这数字让人莫名其妙，但是人们都凭视觉，叫它们黑帐篷。该剧团的代表佐藤信告诉我，"68／71"是三个剧团于1968年合并后进行演出活动，在唐十郎的红帐篷的刺激下，从1971年开始把剧团的公演都集中为帐篷公演的一种形式，数字所表达的就是这个意思。再问："为什么要搞帐篷公演？"得到这样的

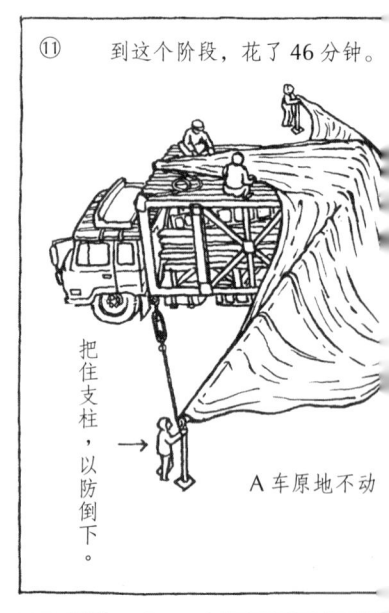

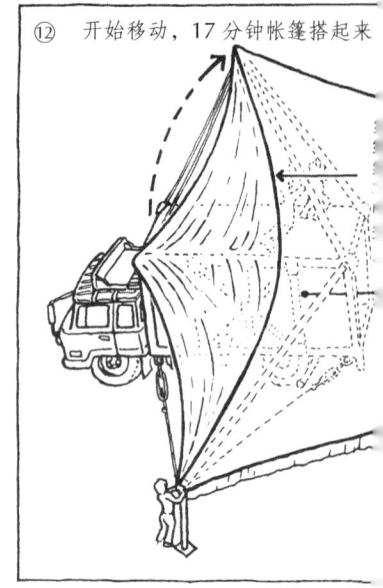

⑪ 到这个阶段，花了46分钟。

把住支柱，以防倒下。

Ａ车原地不动

⑫ 开始移动，17分钟帐篷搭起来

舞台监督指挥

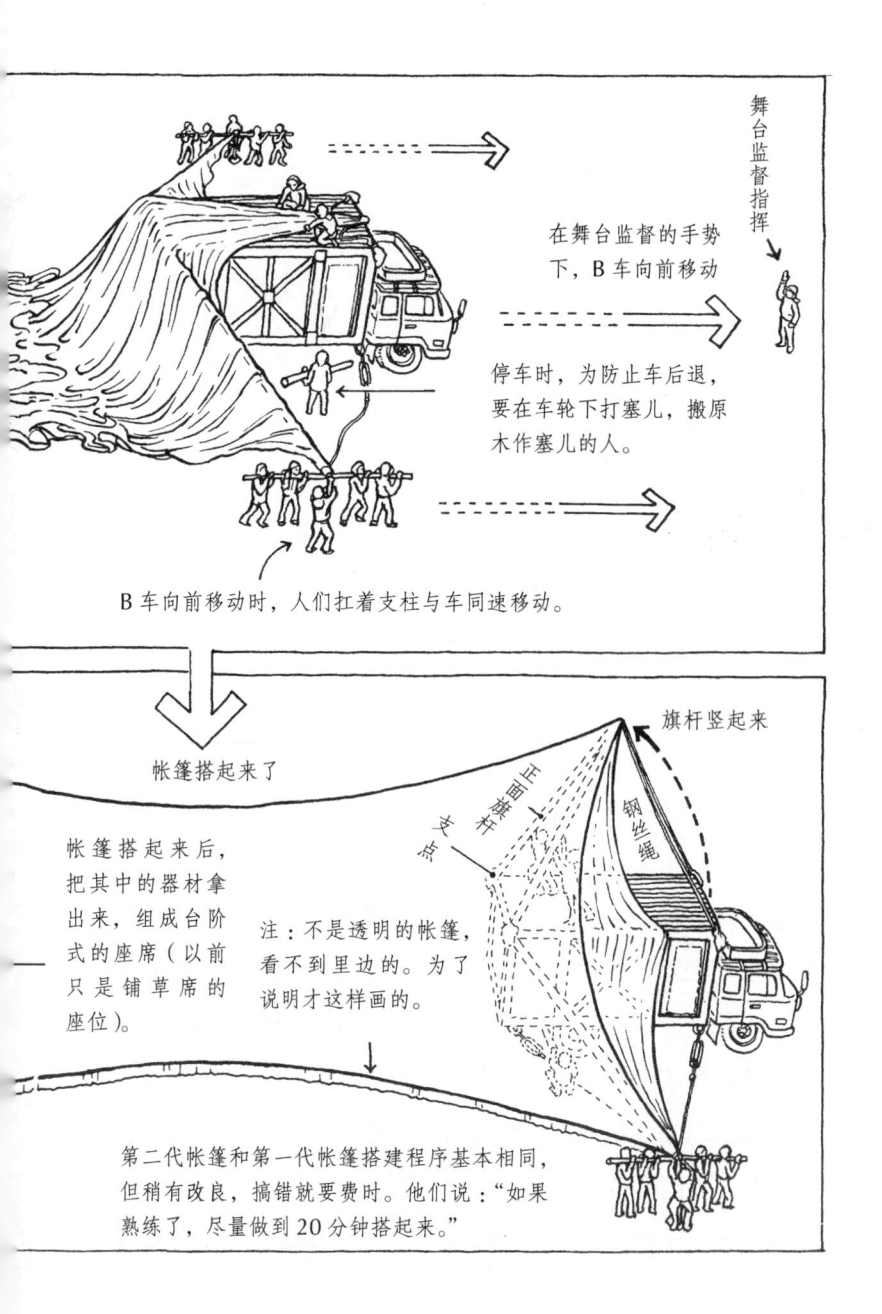

在舞台监督的手势下，B车向前移动

停车时，为防止车后退，要在车轮下打塞儿，搬原木作塞儿的人。

B车向前移动时，人们扛着支柱与车同速移动。

帐篷搭起来了

旗杆竖起来

钢丝绳

帐篷搭起来后，把其中的器材拿出来，组成台阶式的座席（以前只是铺草席的座位）。

注：不是透明的帐篷，看不到里边的。为了说明才这样画的。

第二代帐篷和第一代帐篷搭建程序基本相同，但稍有改良，搞错就要费时。他们说："如果熟练了，尽量做到20分钟搭起来。"

图中文字：

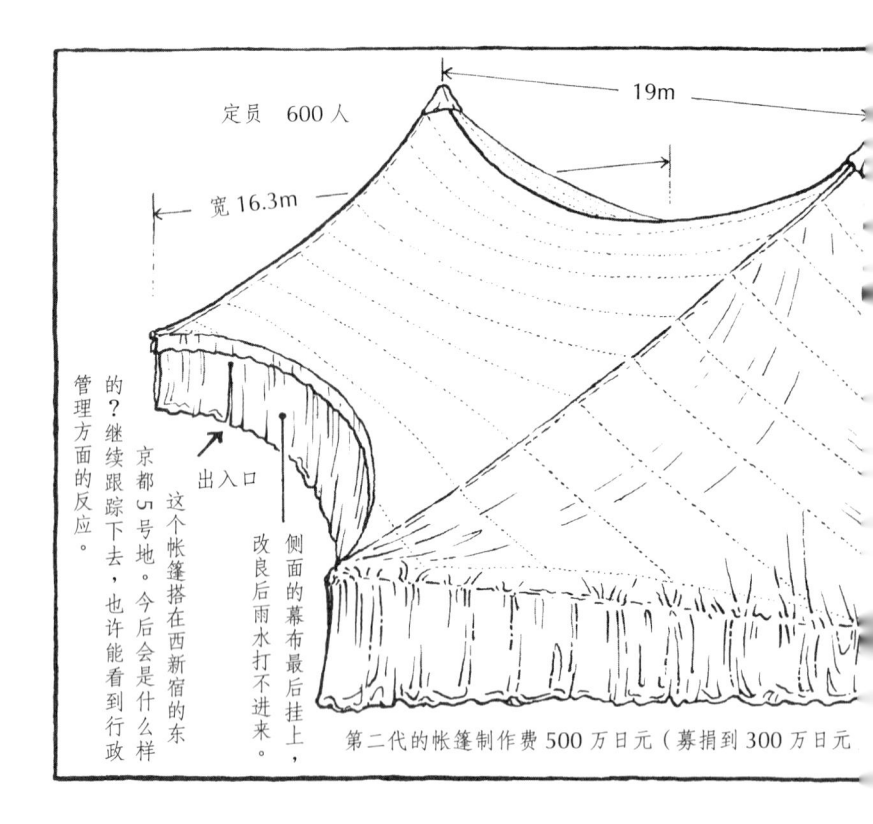

定员　600人

19m

宽 16.3m

京都5号地。今后会是什么样的？继续跟踪下去，也许能看到行政管理方面的反应。

这个帐篷搭在西新宿的东

出入口

侧面的幕布最后挂上，改良后雨水打不进来。

第二代的帐篷制作费500万日元（募捐到300万日元

回答："这样在什么地方都可以演，虽然我们不否认剧场是演出的场所，但是，不论是工厂的仓库，还是校园，我们都能演。反正不能把演戏塞进一元化的、观念性的场所里。同时我们也不认为在帐篷里演戏就是戏剧的一切，而是要把戏剧从权威性的剧场拉出来，把戏剧带到人们共有的集中的广场、乡镇的任何地方，而能够移动的可以旅行的帐篷是最合适的。"对于不应该把演戏一元化，我完全有同感。在这里举出红帐篷和黑帐篷，

来找找它们的不同特点。

正如图上画得那样，搭建黑帐篷，在地面上连一根桩子也不打，完全靠两台车拉开帐篷搭建。从法规上看，不属于临时建造物，那么这顶帐篷算什么？据说相当于"停车"。这样奇怪的帐篷谁都是第一次见到，就连政府也为由哪个部门来管而感到困惑。

说到困惑，初次见到这怪模怪样的黑帐篷，各地的人们都和以往一样大感蹊跷，不过，最近与我们有同感的人多起来了。一般的人是怎样与"帐篷剧场"遭遇的呢？进入观看后又有几多踌躇？看了其公演又有什么想法？1976年7月11日《宫崎日日新闻》刊登了这样的投稿。

黑帐篷「68／71」

让人联想起鲸鱼，全长23.4m。

为什么是黑色的？1970年大阪世界博览会多余的帐篷是黑色的……但是这个是染黑的。

高7m

"黑帐篷公演让我深受感动"
行政书士　鬼冢今朝三　61岁（宫崎二丁目）
前天，我在神官西苑观看了黑帐篷剧团的演出，让我浮想联翩。首先嬉皮士式的年轻人给我的印象不佳。为了慎重起见，我还问了一下里边是否有座位。人家告诉我，地上铺草席，席地而坐。剧场外一个年轻女人身着脏兮兮的、又肥又大的树叶服坐在帐篷旁边的小卡车上卖票；为搭布景而出出进进的男青年更不像话，衣服脏，头发又长又乱，说不定他们身上还散发着剧场里边的臭气，让我感到恶心。但是，什么都可以了解一下，既然来了就硬着头皮看，没想到里边的观众像罐头里的沙丁鱼一样挤得满满的。担心里面的空气混浊，也是我多虑了。在暴雨敲打的帐篷中，演出开始了。剧情费解，到底演的什么，我也没看懂。令人不可思议的是一个个演员的演技确实颇具魅力，事实上，三个小时长长的演出没怎么让我感到无聊。特别是这里没有明星，没有大腕儿，全体演员不管其演技巧拙，都是同样练出来的。

我觉得黑帐篷的演出非同一般，让我产生一种不可思议的感动。更让我吃惊不小的是第二天早晨。想看看自由奔放的年轻人是怎么出发的，我早早赶到西宫一看，除了意外还是意外。昨晚在暴风雨中展示的那个让人激动的黑帐篷早已无影无踪了，连一个小坑都没有留下。对那些脏兮兮的青年人的启程，能说的只有佩服二字。

61岁，可以说是上了年纪的人，他表现出令人少见的旺盛的好奇心。据说黑帐篷到的地方，连老奶奶也会去看的。我想，他们是接受黑帐篷戏剧的一类人的代表，与这种戏剧有着共鸣。

黑帐篷的伙伴们之所以把搭建场所拘泥于公园和公共空地，一方面是因为他们想遇到能够与之产生共鸣的人，另一方面是出自他们对诸如"戏剧为大都市的人所垄断"，以及将"东京排好的戏剧"配送到各地的剧场就足够了的观点的质疑，或者，也是基于把演戏的公共广场当成最恰当地与人们交流场所的理解。尽管黑帐篷已经在各地的公园上演过多次，但是各城市反应不一，有的城市非常痛快，同意使用公园，有的城市则不同意使用，企图赶跑他们。最近出现好的兆头，多数倾向允许使用。有个例子，就是冲绳那霸市举行的"黑帐篷审判"。1975年2月的公演，那霸市政府表示同意使用城岳公园进行演出，到临开演时又取消了。其对取消理由的解释含混不清。有一部《都市公园法》，各个城市都有根据此法明确记载的条例。"那霸市公园条例"第二章有"要进行下列各条中列举出的行为，必须得到市长的允许"，举办演出是在其范围之中。这种情况下的市长允许是指"使用场合需要被允许"，如果不允许，也必须写明其理由才对。那霸市对此不予回答，最终发展到上法庭解决。

结果是那霸市栽了，进行庭外和解。

有的城市难以启口说"不允许"，就连申请表也不发给。这很明显是行政怠工，把公有地私有化。要问什么是公共物？那可是包括各个方面啊！

以各地建起的市民会馆为例，在管理优先的思路下，果真能成为市民的吗？建了大楼就产生了文化，那完全是错觉。在努力培育真正意义上的地方文化方面，政府所做的工作不是太少了吗？我们将继续追问下去，黑帐篷剧场也继续其在全国各地的巡演。

刑务所

我说"想窥视一下刑务所",就连律师朋友都说"那有点难"!这么说也不无道理,因为那不是随便就能看的地方。

打开《六法全书》,把"见学"说成"参观",写得那么冠冕堂皇。

《监狱法》第五条"参观":

> 申请参观监狱,只限于学术研究和有其他正当理由的申请者,由制定命令的机关审批。

也就是说非学术研究或者没有正当理由是不可以参观的。然而看看最近的报纸和周刊杂志,采访刑务所的报道非常显眼,比如"深入现场报道:镜头下的刑务所"之类的报道,纯属为满足人们的好奇心。看来"正当的理由"也是可以灵活掌握的。兴许还能参观,于是调查了一下,出乎意料,因为是属于新闻报道，轻而易举地获得了参观许可。法务省矫正局的说法是："本来刑务所并非是可以给人看的公开设施，因为怕外部人络绎不绝地跑来，给收容者心理上造成伤害就难办了。所以为了尊重收容者的人权而采取'非公开关押'。但这种方式容易被理解为'秘密主义'的呀，往往让人联想到过去年代百姓心目中那些'没有光线的阴暗的牢房''不知里面在用什么刑罚'的旧监狱。为了让大家了解事实，我们通过接受采访来回应新闻界。"

听说参观许可的批准权在刑务所的所长手里，我直接去府中刑务所去问："没有新闻工作者的头衔和背景，个人要采访，能够获准吗？"表达想窥视刑务所这一意愿，别说对方，即使我自己都有点踌躇，说起来都有些结结巴巴的……但是他们听了我的解释后，回答是"Ok"。我首先拜访了批准我参观的山田航一所长。他的理由是"我认为你对监狱相当有研究……"，他这么一说，我有点怪不好意思的，研究，还说不上……

这次之后，在一年里，我进行了四次采访。进刑务所不论参观者，还是因为服刑而入所者，都毫无例外地要通过中门进入。在这里，要在参观者手背上盖一下图章，油墨是透明的，肉眼看不到，把手放到紫外线箱里才能读出。参观结束后，离所前要确认，防止冒名顶替，把所内的人换出去。

入所者通过中门进入这个房间，身上穿的自己的衣服全部脱光，换上刑务所提供的服装，包括内衣。以前以防止逃跑为

170 | 窥视日本

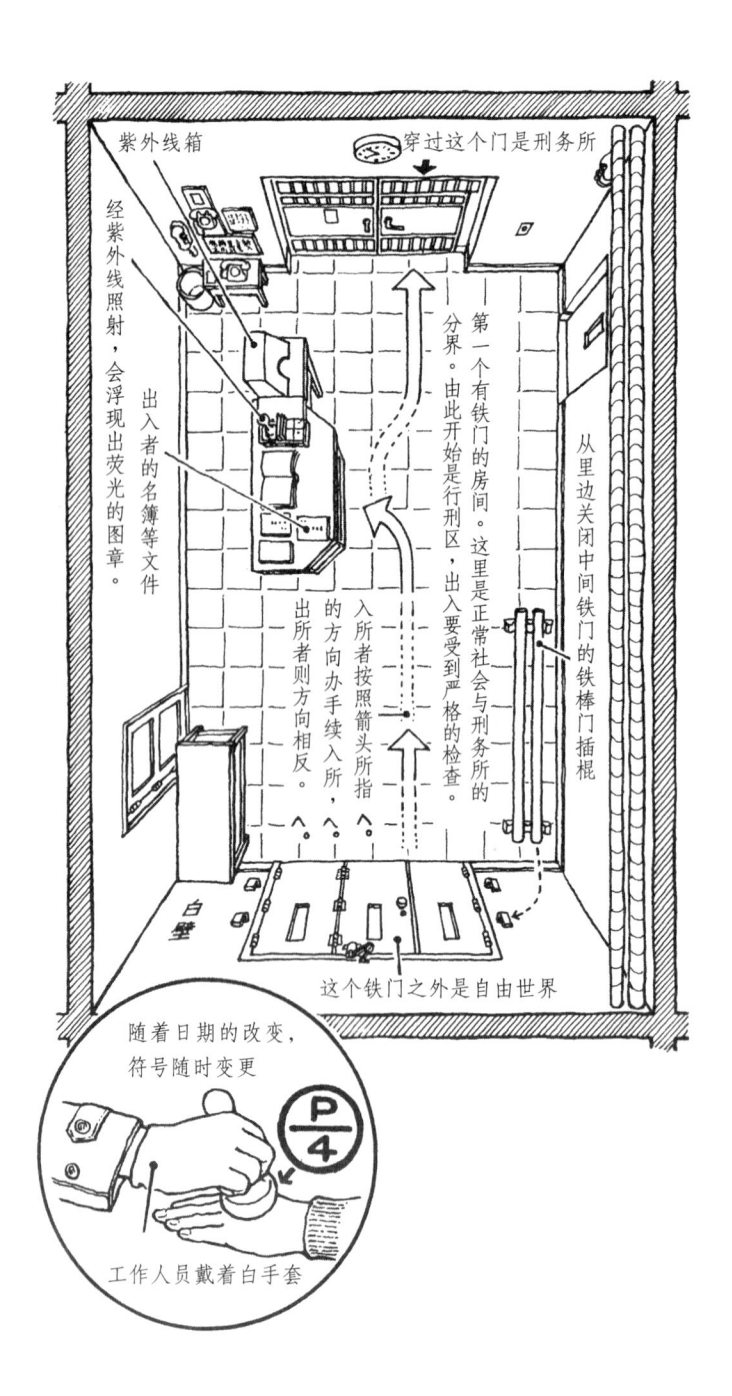

- 紫外线箱
- 穿过这个门是刑务所
- 经紫外线照射，会浮现出荧光的图章。
- 出入者的名簿等文件
- 第一个有铁门的房间。这里是正常社会与刑务所的分界。由此开始是行刑区，出入要受到严格的检查。
- 从里边关闭中间铁门的铁棒门插棍
- 入所者按照箭头所指的方向办手续入所，出所者则方向相反。
- 白壁
- 这个铁门之外是自由世界
- 随着日期的改变，符号随时变更
- 工作人员戴着白手套

主要目的，穿一般人不穿的那种显眼的赭色狱衣。服刑者被称为"红色人"，就是因其衣服颜色而得名。现在是灰色，不是以前那种带有侮辱性的特殊颜色了。然而还是叫"狱衣"，不能按照自己的意愿选择衣服也是刑罚之一。

今天的行刑与以前的"惩罚刑"不同，而叫"自由刑"。在法律上自由刑是指"拘束自由之刑"，即拘束、限制人本来所有的"自己住想住的地方，想自由生活"的欲望的刑罚。

现在，日本的收容设施有75处，这个府中刑务所为"重警备刑务所"，据说送到这里的犯人都是罪行严重的，所以收容的都是重犯，没有初犯。刑期平均为两年七个月，最短的六个月，最长的不到八年。再长的就送往其他的长期刑务所。这里收容的有22个人，多次因吃"霸王餐"，出出进进刑务所。这可能是个特殊的例子，据说收容者中多为暴力团伙的成员。在收容的2300人中，1/3是这类人，比例不小。府中刑务所警备森严，我有所耳闻。如后面图里所描绘的，里边用高墙分为三块，中央前边的官署、中间的居住区和北边的作业区。占地面积20万平方米，我走遍每个角落，发觉是比想象的要大得多的设施。

全国各地的刑务所虽然有个别的特点，但是大的区别在开放设施和封闭设施上。府中刑务所相当于封闭设施，可称得上"地地道道的刑务所"。刑期被确定的服刑者被戴着手铐送到这里，在新来者检查室摘下手铐，就成了这里的收容者。其

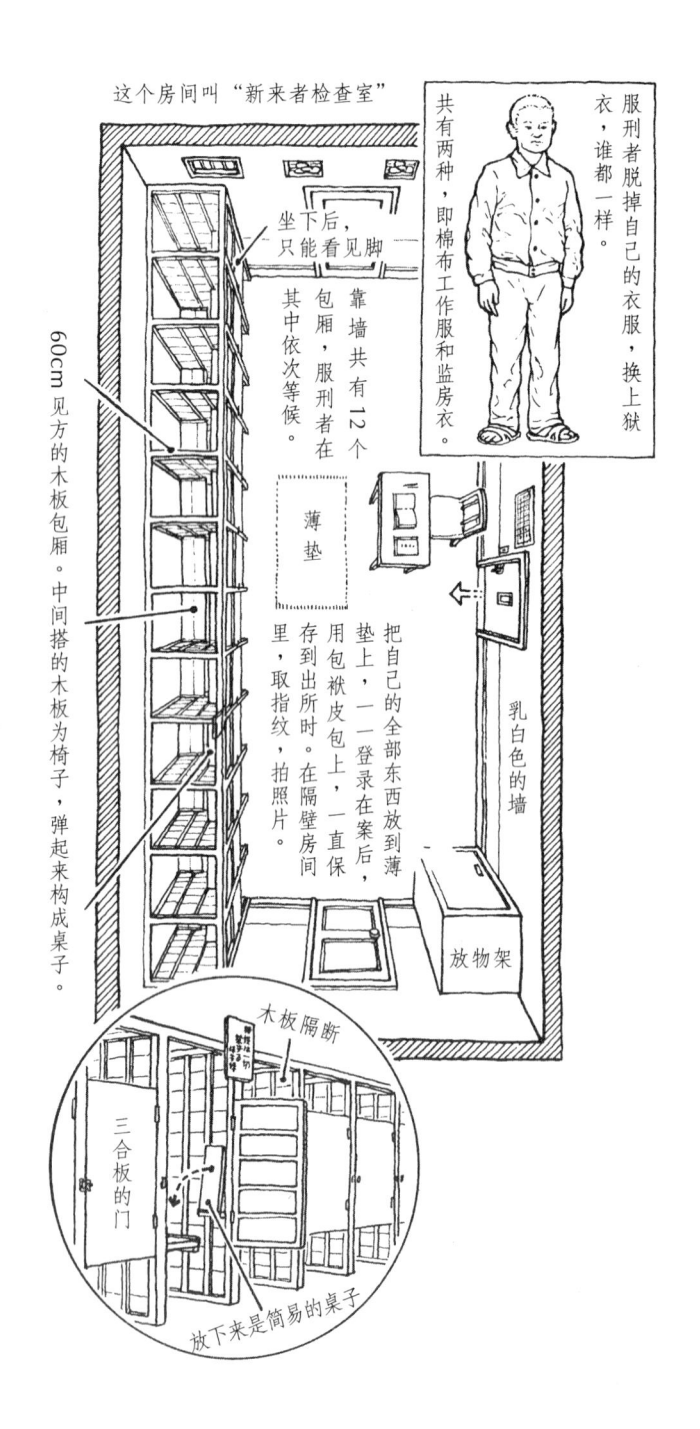

这个房间叫"新来者检查室"

服刑者脱掉自己的衣服，换上狱衣，谁都一样。共有两种，即棉布工作服和监房衣。

坐下后，只能看见脚。

靠墙共有12个包厢，服刑者在其中依次等候。

薄垫

把自己的全部东西放到薄垫上，一一登录在案后，用包袱皮包上，一直保存到出所时。在隔壁房间里，取指纹，拍照片。

乳白色的墙

放物架

60cm见方的木板包厢。中间搭的木板为椅子，弹起来构成桌子。

木板隔断

三合板的门

放下来是简易的桌子

刑务所 | 173

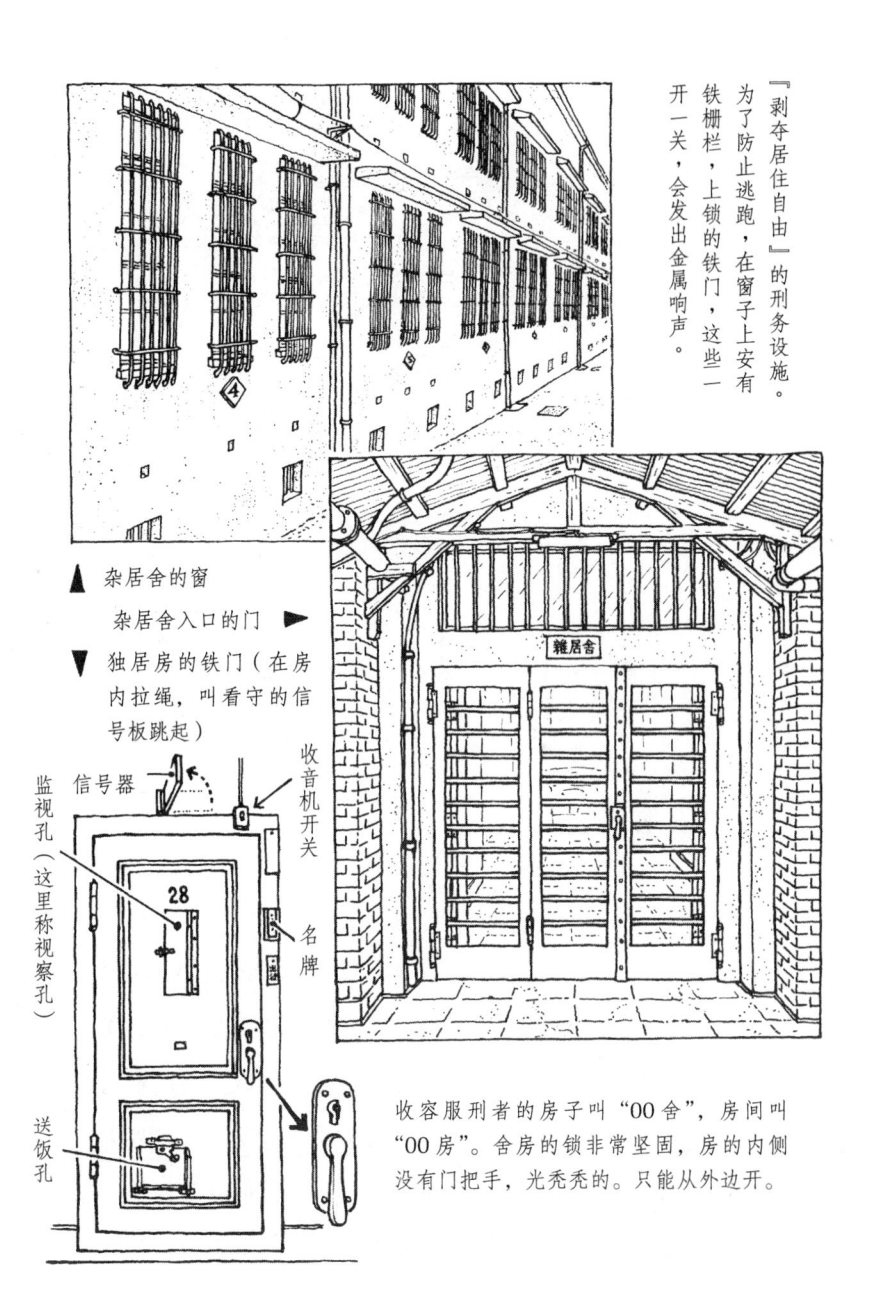

「剥夺居住自由」的刑务设施。为了防止逃跑，在窗子上安有铁栅栏，上锁的铁门，这些一开一关，会发出金属响声。

▲ 杂居舍的窗

杂居舍入口的门 ▶

▼ 独居房的铁门（在房内拉绳，叫看守的信号板跳起）

信号器

监视孔（这里称视察孔）

收音机开关

名牌

送饭孔

收容服刑者的房子叫"○○舍"，房间叫"○○房"。舍房的锁非常坚固，房的内侧没有门把手，光秃秃的。只能从外边开。

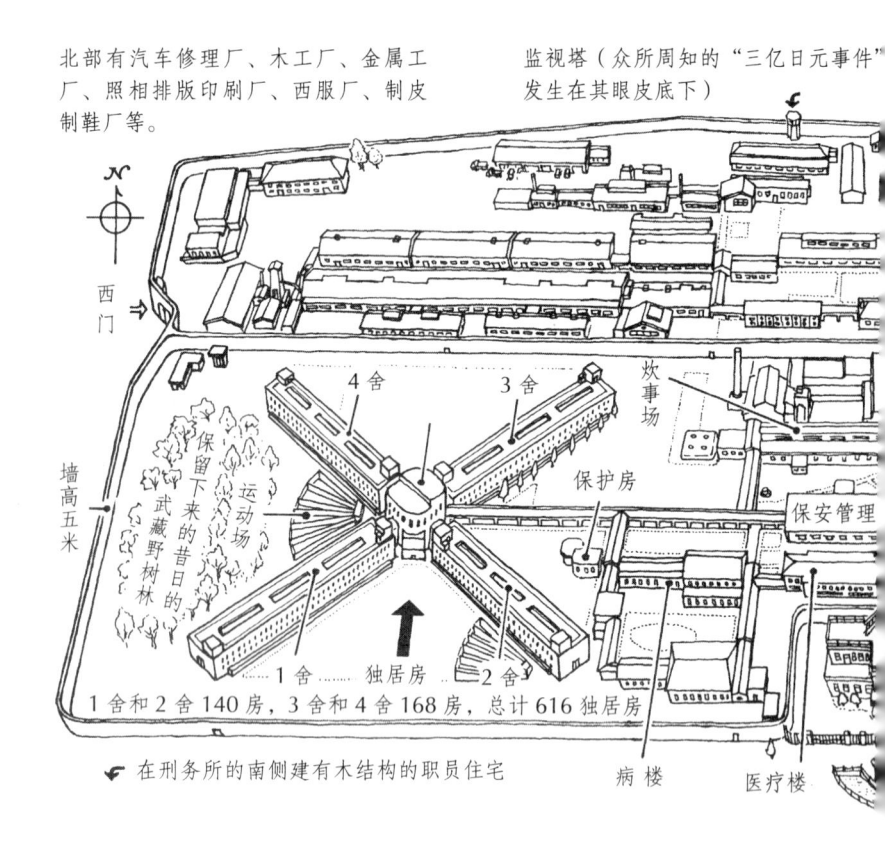

北部有汽车修理厂、木工厂、金属工厂、照相排版印刷厂、西服厂、制皮制鞋厂等。

监视塔（众所周知的"三亿日元事件"发生在其眼皮底下）

西门

墙高五米

保留下来的昔日的武藏野树林

运动场

4舍　3舍

炊事场

保护房

保安管理

1舍　独居房　2舍

1舍和2舍140房，3舍和4舍168房，总计616独居房

↰ 在刑务所的南侧建有木结构的职员住宅

病楼　医疗楼

后在被称为考察房的杂居房里待上两周，在此期间，对每一个人，由分类审议会决定住哪个舍房，分配到哪个工作点合适。同时对每个人的性格、犯罪经历、原来的职业以及其他方面进行考察。府中刑务所里暴力团伙的成员多，所以尤为慎重，即把对立的暴力团伙组织成员弄到一起是非常危险的。另外也有同一暴力团伙集中会抱团的问题，所以要把他们分散开来。那张挂在"分类考察室长室"墙上的分配表，看上去跟拼组智力

府中刑务所全景

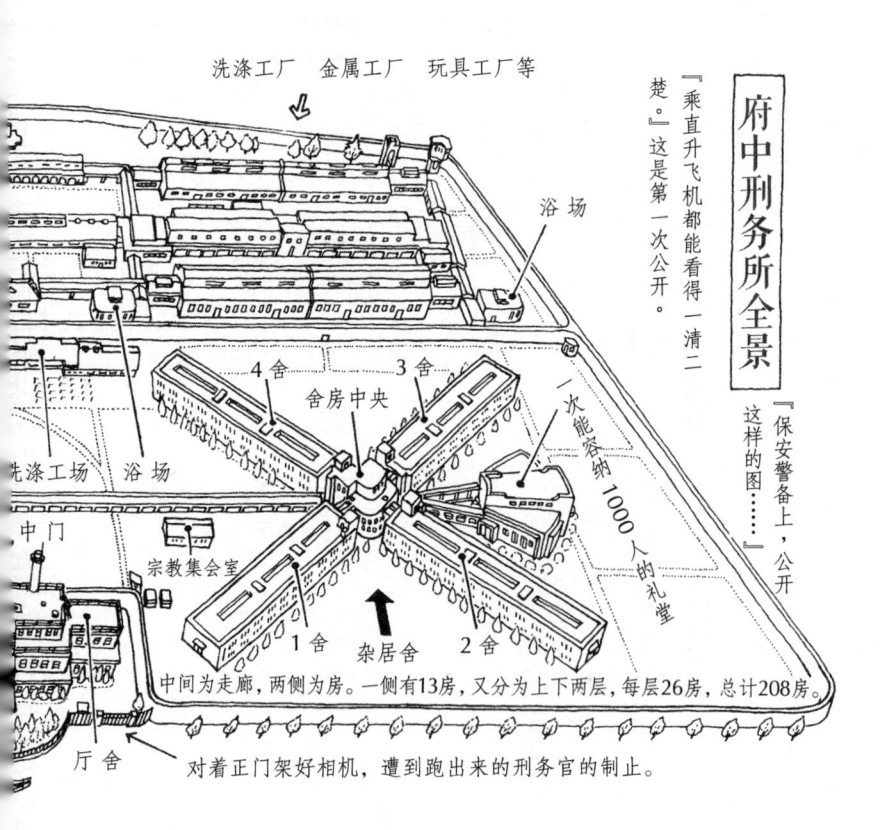

洗涤工厂　金属工厂　玩具工厂等

浴场

「乘直升飞机都能看得一清二楚。」这是第一次公开。

「保安警备上，公开这样的图……」

4舍　3舍
舍房中央
一次能容纳1000人的礼堂

先涤工场　浴场
中门
宗教集会室
1舍　杂居舍　2舍

中间为走廊，两侧为房。一侧有13房，又分为上下两层，每层26房，总计208房。

厅舍　对着正门架好相机，遭到跑出来的刑务官的制止。

测验表似的，从中不难看出管理方的苦心。

第一次参观，刑务所方面事先就叮嘱"请不要老盯着收容者看"，其实大可不必这么说。在外边呼吸自由空气的人进到这里，怎么可能会用充满好奇心的眼睛转来转去呢，要说我感到有些内疚似乎更准确些。第一次来访时不自主地加快脚步，完全心不在焉。第二次以后，总算能够到处看看，进行采访了。当然不能对收容者进行采访，要问切身体验，那只能问离

电视的数量还不多。三、四级房里没有，说是以后逐渐都要配备上。电视节目的问卷调查插放闭路电视（水户黄门、未知的世界、新闻中心9点新闻、歌曲）等。

这个房是二级服刑者的房，除了有电视以外，与三级、四级服刑者的房构造相同。

抽水马桶

厕所上有玻璃窗。个人的隐私方面，只有在如厕时下半身得到保护。墙是乳白色，中间刷的是浅灰色的漆。

薄垫

塑料桶

洗脸台

寝具（被子二床，褥子一床，毛毯二，床单

薄席子

炊帚
牙刷

双层长木板桌（餐桌）

桌子下边是坐垫

拼花木地

外墙有铁格子
架子
电视

有的叠得整齐　　有的叠得不整齐

抹布

刑务所里的衣服架

角落架放的是日用品和书

房内整理和清扫得好的为优良房，待遇也会逐渐好。

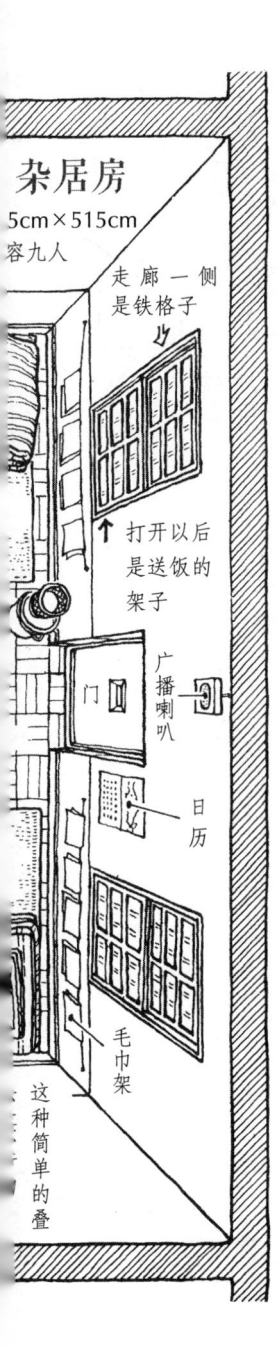

开刑务所的人。

经律师介绍，我采访到了七个进过府中刑务所的人。同是一个刑务所，但是每个人的体验有很多不一致的地方。比如有的说："洗澡五天一次，一次10分钟。三分钟入浴，三分钟洗，再三分钟入浴，全部听哨声指挥。'嘟'地一声，进入浴缸，而且全体人员面向同一方向，不准脸对脸。"事实也的确如此。后来在1975年1月改为自由入浴，也就是改为入浴和冲洗时间自己掌握。1978年，又把10分钟的时间延长为12分钟，五天一次也改为一周两次。一点点地在改变，五年前和现在不同的地方很多。有人说"牢房和你画的一样，啊，怎么现在有电视了"，听说以前是到某个房里去看电视（现在每个房都有。）

入所者的体验有别，是因为进刑务所的时间不同，同时加上每个人所受的待遇不同。

看了下面画的独居房，朋友说："唉，这就是单间，比想象得亮堂。乍一看，像商务旅馆的房间。比起杂居房，我还是选

178 | 窥视日本

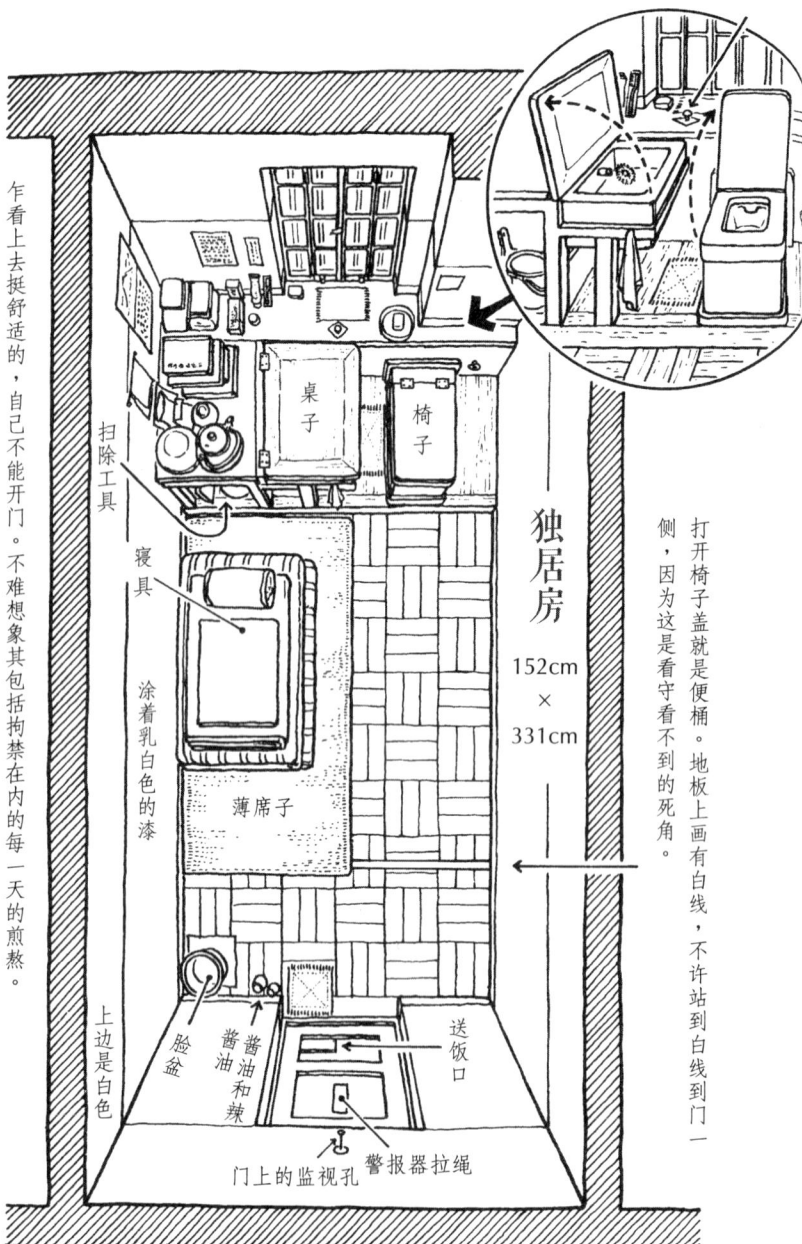

洗脸台上的水开关

便池的水开关

乍看上去挺舒适的，自己不能开门。不难想象其包括拘禁在内的每一天的煎熬。

扫除工具

寝具

涂着乳白色的漆

上边是白色

脸盆

酱油和辣

门上的监视孔　警报器拉绳

桌子

椅子

薄席子

送饭口

独居房

152cm × 331cm

打开椅子盖就是便桶。地板上画有白线，不许站到白线到门一侧，因为这是看守看不到的死角。

择这个。杂居房九个人在一起生活受不了，我还是一个人的好。可是单间，重刑者让住吗？"这也许是一般人的看法。其实独居房用铁栅栏和铁锁封闭的房间和旅馆的房间是有区别的。关于在杂居房中的集体生活，体验者也深有感触地说"太难受了"。每一个人都有自己的个性，哪怕是生活方面的一点点，也存在着各种各样的好恶。就是相当具有协调性的人，在很多方面也要付出难以想象的忍耐。看来在这种环境中的起居生活的确是伴随着超出了"施刑目的"本身的痛苦的。

1955年，在联合国的会议上提出"被拘禁者最低待遇的标准原则"，在1957年7月被通过。再看其"居住设施"，共有八项，每个细节都有明文规定，首先规定"就寝设施设置为单间或者独居房间时，在夜间必须为被拘禁者提供一房或者一室"。很明显，现在的日本刑务所几乎都没有达到这个最低标准。为什么日本把收容主要放在杂居房上，我向法务省矫正局进行了咨询，他们的回答是："刑务所的拘禁设施本身已经是那样建起来了，现在不能马上增加独居房也是实际情况。昭和四十六年建的栃木县栃木县的黑羽刑务所，独居房占70%。将来会向这个目标努力，不过，新建、增建设施都和国家预算有关……"

府中刑务所是1935年建造的，当时的行刑观念是"与其孤独地独居监禁，不如与他人接触杂居监禁，这样对于收容者的改邪归正，重返社会更为有利"。再加上考虑到收容能力、各种经费开支、管理上的合理性等方面的原因，结果就成了这么一种构造，毋宁说后者才是问题的实质。杂居房、独居房建筑面积相同，其收容能力大不相同。杂居房按一室九人计算，208 间房收容 1872 人；独居房 606 间，收容 606 人，尽管收容率这样低，但独居房还是占据相当大的空间，因为需要完全断绝和其他收容者的接触。

随着时代的发展，人们对独居房的想法也在变。现在划分为两类。刑务所明确地将其分为夜间独居房和昼夜独居房。房的构造基本相同，但是使用目的不同。夜间独居，即白天干活，与其他服刑者共同生活，只是夜晚在其中睡觉的房间。这与联合国的最低标准所规定的一致。然而独居房数量少，仅适于鼾声如雷、在杂居房里妨碍他人睡觉者以及容易成为同性恋者，此外还有白天与别人合作干活，但无论如何不能和他人在同一房间里生活，由本人提出申请而被认可者。（比如包括想读书学习的人，据说根据具体情况具体处理。）

昼夜独居房即由刑务所判断那些白天也不宜与其他人接触的人可以使用的房间，是地道的白天黑夜都一个人在独居房的人，他们白天被强迫在其中干糊纸袋等活儿。这种昼夜独居房相当于过去的单间。独居房的另一个作用是用来惩罚。那时房上挂一个"轻屏禁"（谨慎室之意）的牌子。收容在"轻屏房"的人白天在其中也不干活儿，必须一动不动地坐着。除了这两种房外，还有一种特殊的房，叫"防止自杀房"，这是 1965 年

刑务所

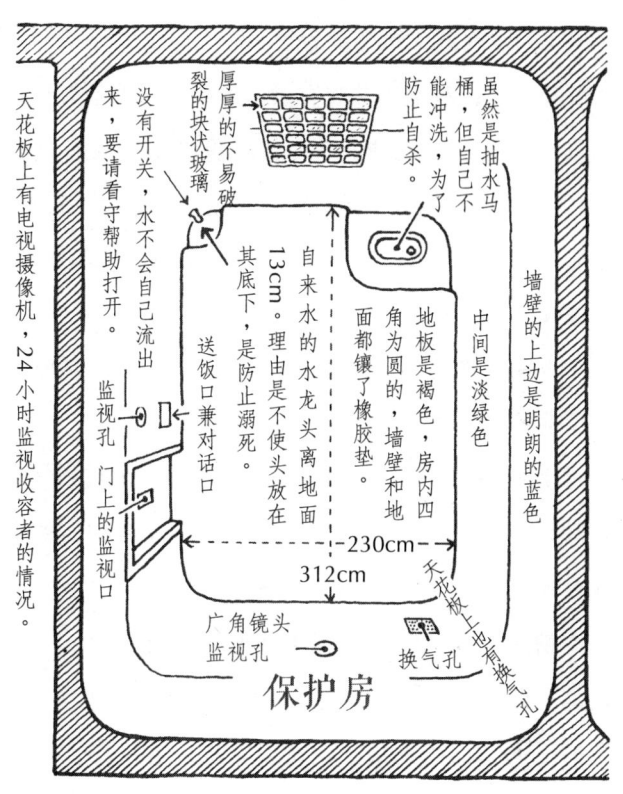

保护房

- 虽然是抽水马桶，但自己不能冲洗，为了防止自杀。
- 墙壁的上边是明朗的蓝色
- 中间是淡绿色
- 地板是褐色，房内四角为圆的，墙壁和地面都镶了橡胶垫。
- 厚厚的不易破裂的块状玻璃
- 自来水的水龙头离地面13cm。理由是不使头放在其底下，是防止溺死。
- 没有开关，水不会自己流出来，要请看守帮助打开。
- 送饭口兼对话口
- 监视孔 门上的监视口
- 天花板上有电视摄像机，24小时监视收容者的情况。
- 230cm
- 312cm
- 广角镜头监视孔
- 换气孔
- 天花板上电视换气孔

这个是广角镜头监视孔，有两处。

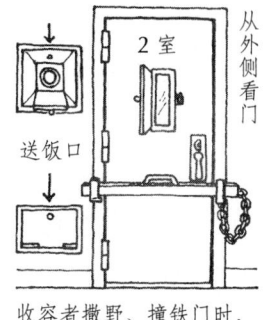

- 2室
- 从外侧看门
- 送饭口

收容者撒野、撞铁门时，插上这个铁门插。

根据上边通知设立的，哪个刑务所都有。据说"其目的是隔离保护有自杀恐惧而处于神经错乱状态的人"。府中刑务所也在靠近病房的地方独立建造了一间。每次走近防止自杀房，向导都踌躇万分，含混不清地说"今天里边有人……"，第三次采访时虽然换了向导，但也闪烁其词，不愿讲清楚。

我带着疑问，对不让参观有点不理解，理由是有传说这间保护房具有惩罚房的性质。曾听进过保护房的人有这样的说法："什么保护房，胡扯！稍有反抗，就给你戴上手铐扔进去，像狗吃食一样爬着吃饭，随地大小便。哪叫'防止自杀房'，实际上是逼迫你自杀的'自杀房'。"

另一方面，刑务所方面则说"绝对没有用于那种惩罚"，这让我一时坠入五里雾中。

第四次参观时，我把疑问对所长说了，所长微笑着说："你不理解这里的所员不让看的心情。这不是我们所的事。以前电视台采访别的刑务所时，在没有得到他们对刑务所的正确认识的情况下，刑务所同意了他们的采访要求。可是他们一边拍摄'保护房'，一边就把'这就是相当于进行拷问、实施惩罚的房间'之类的话播出去了。采访前说得像那么回事的，采访后则完全是信口雌黄。从那以后，这样的地方我们拒绝参观。你还没有得到这里的所员的信任，还有没有去的地方，今天让你看个够！"我在所长的亲自引导下，参观了保护房。共有五间，今天全都空着。所长帮助我丈量了房间的尺寸，费了不少事。

在刑务所里，服刑者受到什么样的对待，曾经发生过什么样的纠纷，我读过一些书和报道，听过一些服刑者的讲述，在此无意为其宣传，为其代言。这里记述的都是在我亲身所见所闻的基础上又浓缩出来的，就这样也是难以从数量上表达全面的。对此有兴趣的人不妨读读这方面的书。《救援联络中心》（电话 03 — 591 — 1301）出版介绍了各种书籍，比如有《现代日本的监狱》及《现代日本监狱续篇》（火炬新书）；《向废除死刑迈进》（救援联络中心出版）。另一方面，法务省矫正局出版了《痛苦和喜悦》《痛苦和喜悦续篇》；此外有《自新自立的少年们》（财团法人、矫正协会，电话 03 — 387 — 4451）。专门性的法律书籍有小野清一郎、朝仓京一共著的《监狱法》；正木亮著的《刑法与刑事政策》（上下两册，有斐阁出版）；日本律师会编的《监狱与人权》（日本评论社）等。唐突地插入有关书的介绍，是因为刑务所所具有的性质实际上是多样的，不仅仅是眼睛看得到的那么一部分。进一步说，全国 75 个刑务所设施也各有特点，并非一模一样。一个刑务所现在和几年前不同，就是同一时刻，A 所与 B 所在前边说过的"入浴""做工""会面"（探监）都是有别的。所以府中刑务所不代表所有的刑务所，而且随着时间的流逝，这里也会发生变化，这些是我想提醒诸位读者的。

府中刑务所被称为"警备森严的封闭性的设施"，那么就存在着与之相对应的"开放性的设施"。高仓健主演的电影《网走特别系列》在全国很有名，其中有一集《网走刑务所》完全是另一种形象，现在这里长期犯一个也没有。1969 年改为收容"不满八年的服刑者的开放性的设施"，与府中刑务所形

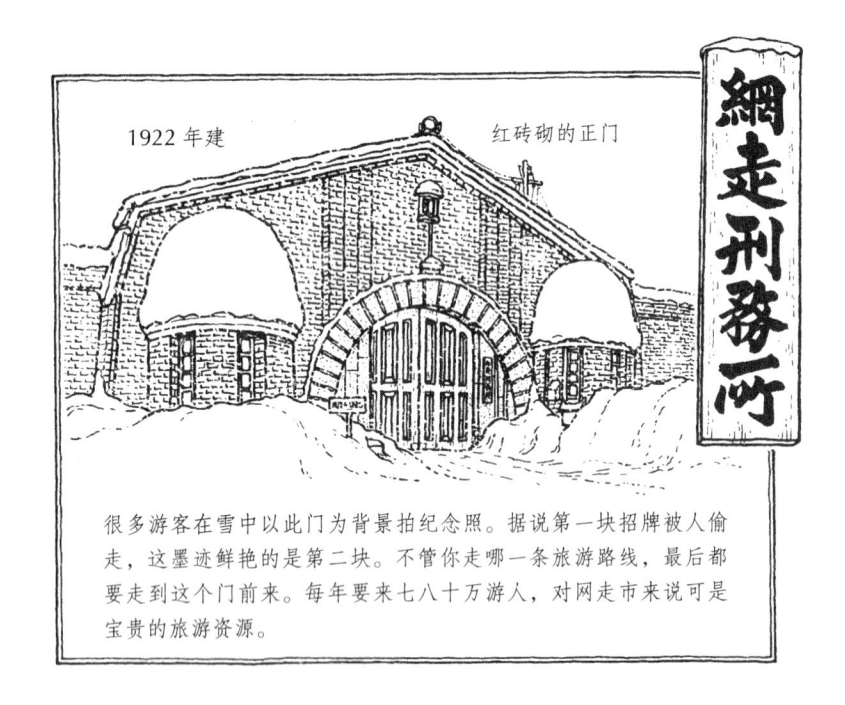

> 1922年建　　　　　红砖砌的正门
>
> **網走刑務所**
>
> 很多游客在雪中以此门为背景拍纪念照。据说第一块招牌被人偷走，这墨迹鲜艳的是第二块。不管你走哪一条旅游路线，最后都要走到这个门前来。每年要来七八十万游人，对网走市来说可是宝贵的旅游资源。

成鲜明的对照，我很想去参观一下，又听说那里要拆掉，就更想看看了。

网走刑务所建于1912年，是现在仍在使用的日本最古老的木结构刑务所。在一种趁现在赶紧准确地留下记录的想法的驱使下，我想在冰封雪冻的严寒季节前往，因为我所调查的监狱中，最后只剩下了这座网走刑务所了。

在调整日程方面费尽周折，终于制定了在1980年3月上旬采访三天的计划。海面上的浮冰白茫茫一片，我还以为来晚了，今年浮冰终于没有靠岸……

网走刑务所所长一开口就说："先生的事，我已经从府中的山田所长那边有所耳闻,我虽然与他不是亲戚,也姓田中,我叫田中甲子雄。""您别叫我先生,我不是先生,在生理上对这种叫法有抵触……只是求你别叫我'先生'……""这样叫有什么不好,我把我们的收容者叫作住宿者。开始时,所员们困惑,以为不合适,我是真的把他们当成住宿者临时收容的,总有一天他们要回归社会的。所以,在此期间承认其人性,刑期一满,他们肯定会变好的。我常对所员们讲,刑务所要与时俱进,只靠'管理'这种思想是搞不好的。相互信赖的关系不是一天建立的,要靠平日的积累。"来时就听说他是个特别的所长,听他这么一说,还果真不假。

我决定第二天一起床就开始采访。第二天大雪纷飞。我按照约定 6 点 15 分到达正门,地代所康一看守长早已恭候在那里。"起得早的人差不多该起来了……"

这里没有府中刑务所那么森严,用不着在手背上盖图章。

看守长说:"这里收容的人数比府中少,今天在监者 659 人,还没有判决拘禁的 15 人。收容者的 1 / 3 在刑务所外工作,这样的刑务所当然与其他的所不同了。更多地收容那些有这种适应性的服刑者是这个设施的特点。服刑者全都是从各地集中来的,东京来的也占不少。建筑都是明治时代的原样,古色古香。您来得正是时候,最近就要拆掉。保存它可需要大笔费用。以您专家的眼光来看,保存到什么程度,保存在哪里好呢?"

注：服刑者的做工的收益纳入国库，他们只能得到微不足道的工作奖金，很难寄给家里。出狱后陷入生活困境的人很多。（外国是采取工资制）

养猪场
第二监视塔
第一监视塔
卫生班
2舍比其他舍长（40间杂居房），3舍（32间杂居
运动场
作业区
西门
马厩
农作物仓库
木材场
第三监视塔
制作金属、木工、陶器、剑道用防护具、西装、筐纸工、艺等的工场。
伙房
冬天结冰
洗衣
礼堂
旧医院

网走刑务所全图

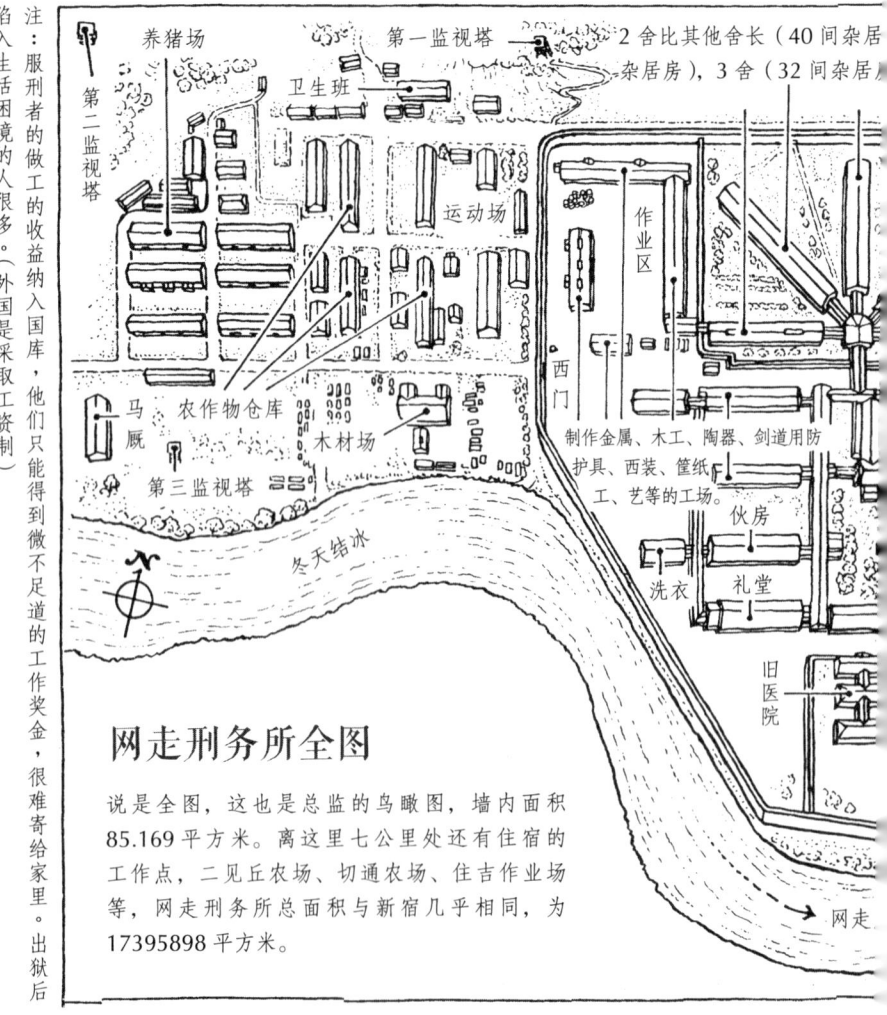

说是全图，这也是总监的鸟瞰图，墙内面积85.169平方米。离这里七公里处还有住宿的工作点，二见丘农场、切通农场、住吉作业场等，网走刑务所总面积与新宿几乎相同，为17395898平方米。

→ 网走

房里边的人已经起床叠被。各个舍房点名之声交相呼应。看守手拿名册，一一确认房中的人，之后由送饭的服刑者推着四轮车往各个房分配饭食。早饭，米饭是米65%、麦35%

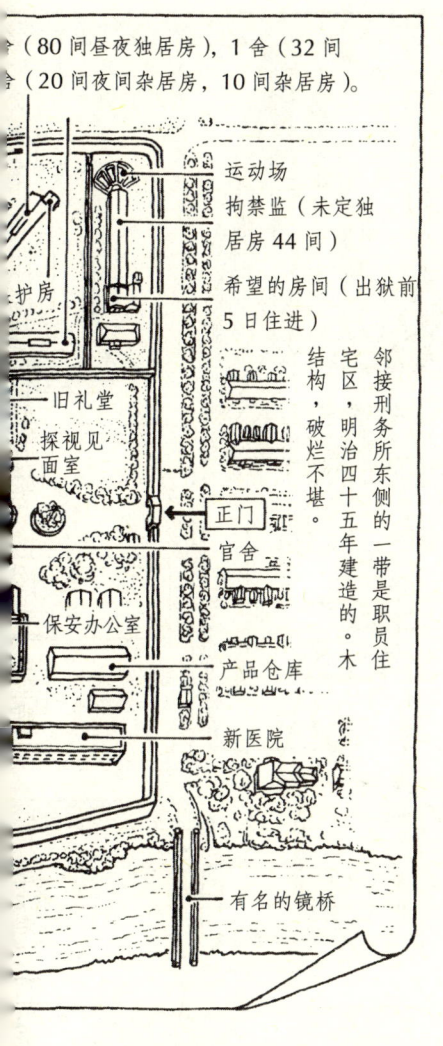

（80间昼夜独居房），1舍（32间
（20间夜间杂居房，10间杂居房）。

- 运动场
- 拘禁监（未定独居房44间）
- 希望的房间（出狱前5日住进）
- 旧礼堂
- 探视见面室
- 护房
- 正门
- 官舍
- 保安办公室
- 产品仓库
- 新医院
- 有名的镜桥

邻接刑务所东侧的一带是职员住宅区，明治四十五年建造的。木结构，破烂不堪。

	平日	周六	周日
起床	6:50	6:50	7:20
早饭	7:10	7:10	7:40
开工	7:40	7:40	
午饭	11:40	11:40	11:40
干活	12:40		
收工	16:30		
晚饭	16:50	16:00	16:00
就寝	21:00	21:00	21:00

的混合饭，酱汤，三片咸菜，两个海带卷。房里的人要动作迅速，否则送饭的人就没有时间吃饭了，时间一到，立即把餐具和剩饭收拾走，剩饭的人很多。7点半，服刑者在一个叫"阿莎"的吉祥物女娃娃的欢送下，陆陆续续出房，排成队，到各个工作点上工。

　　人们常把进监狱说成"吃臭饭"，这既不是让人吃腐烂了的东西，也不是饭菜本身就是臭的意思，而是房间里有厕所。吃臭饭这句话缘于必须在这种房间里吃饭的情形。臭饭这句话很早以前就有，明治时代，有叫作"粪槽"的木箱暴露

注：《监狱法》上说设施，不仅指刑务所、拘留所，还包括近

报纸（入厕用）

木头便座

塑料桶

马桶盖

这里的厕所带玻璃窗，下边是遮盖身体糊的纸。

寝具（毛毯四、床单一、被子一、褥子二）

这里收容三也有收留五的，这里一间收留五人困难！

以前地面是木板的，如今在上边铺上垫

餐桌（平时挂在门上的透笼搬

榻榻米是按照由地的顺序往南铺

脸盆

调味料

脸盆

薄席子

榻榻米

桌子

日历

272cm×354cm

没有穿防寒背心去干活了。职员说"今天和"，我怕冷，穿得很厚，不大好意思。

于外，肯定很臭。如今厕所已经被隔开。睡觉的地方半个月一换，并不是靠服刑者的力气大小来决定。

进入独居房，看到这里的格子，我为其独特性吃了一惊，仿佛像考古者发现珍贵的宝贝一样……如图中所描绘的那样，我没有想到今天还有这

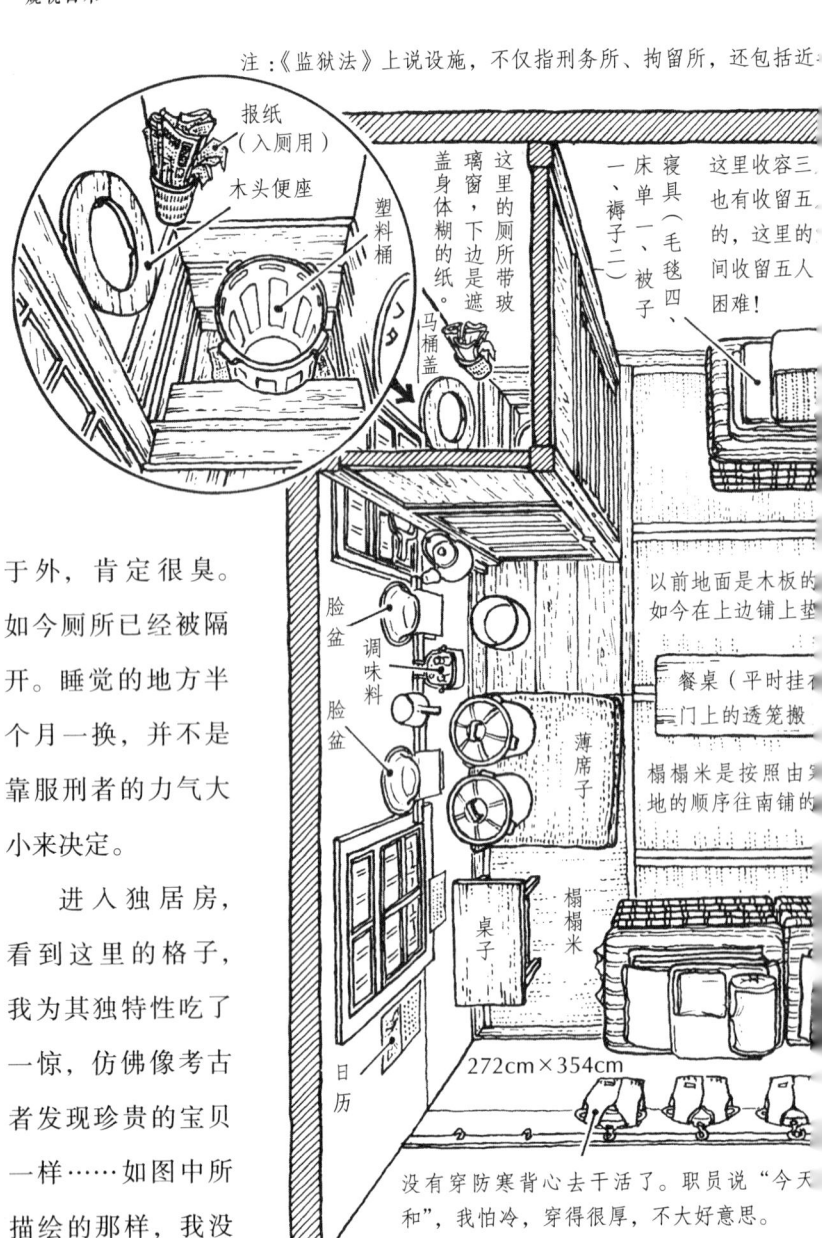

刑务所 | 189

经成为问题的代用监狱留置场。

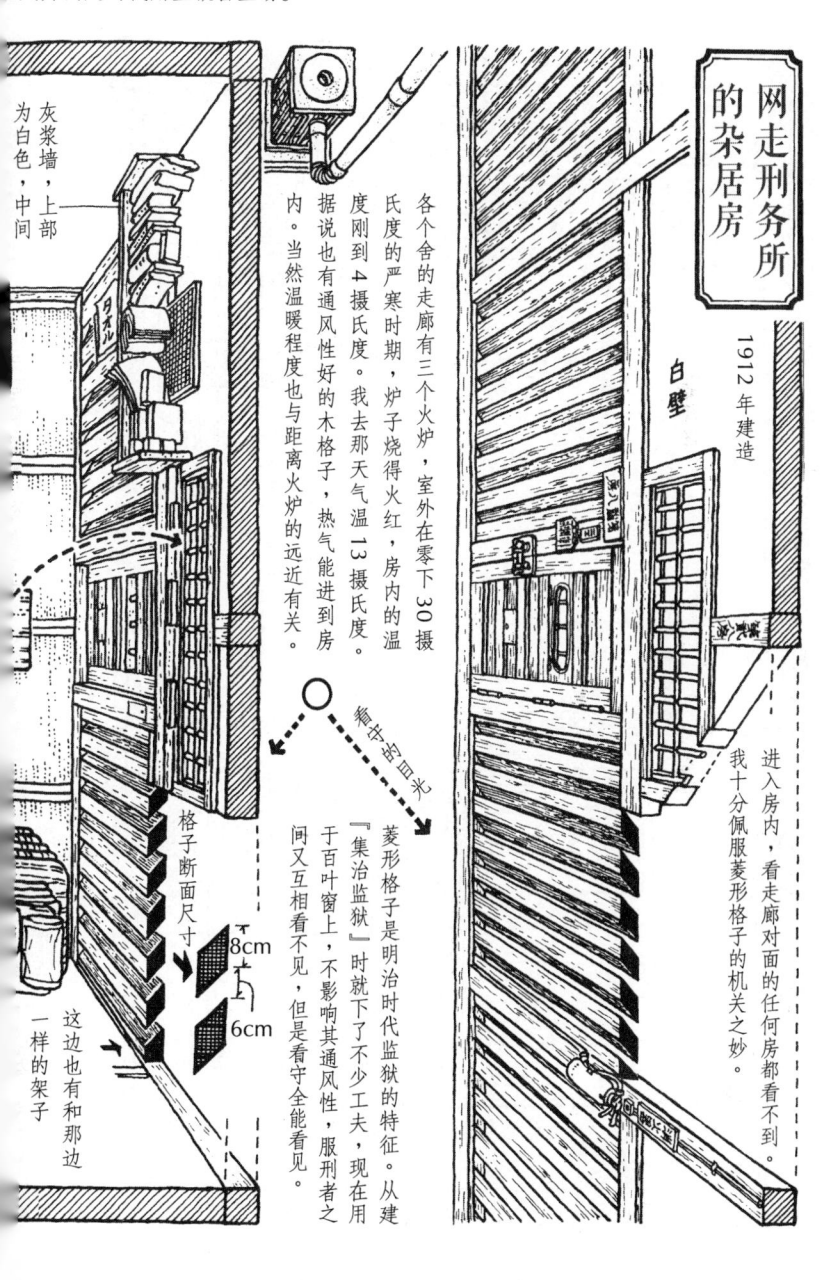

网走刑务所的杂居房

1912年建造

白壁

进入房内，看走廊对面的任何房都看不到。我十分佩服菱形格子的机关之妙。

菱形格子是明治时代监狱的特征。从建于百叶窗上，不影响其通风性，服刑者之间又互相看不见，但是看守全能看见。"集治监狱"时就下了不少工夫，现在用

各个舍的走廊有三个火炉，室外在零下30摄氏度的严寒时期，炉子烧得火红，房内的温度刚到4摄氏度。我去那天气温13摄氏度。据说也有通风性好的木格子，热气能进到房内。当然温暖程度也与距离火炉的远近有关。

灰浆墙，上部为白色，中间

格子断面尺寸

8cm
6cm

这边也有和那边一样的架子

门的监视孔有铁格子

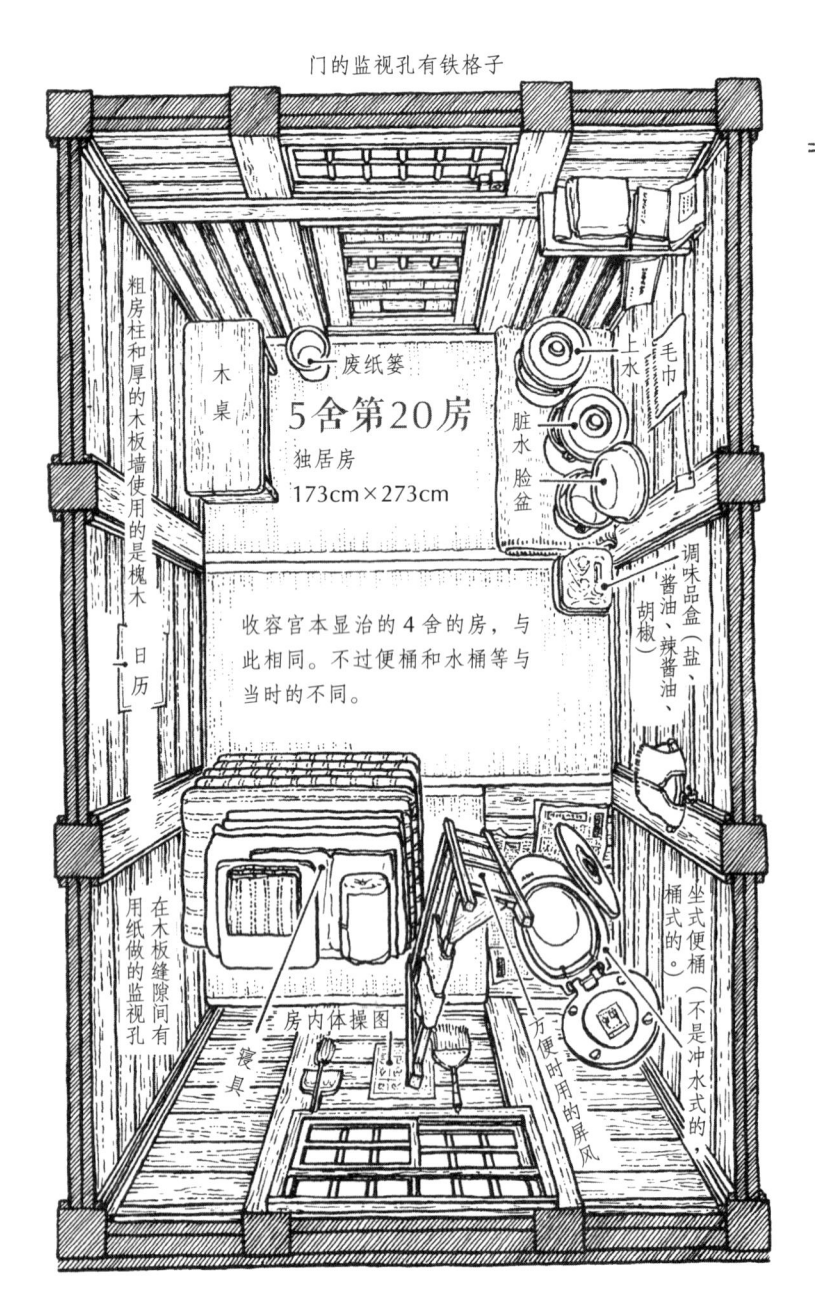

5舍第20房
独居房
173cm×273cm

废纸篓

木桌

粗房柱和厚的木板墙使用的是槐木

日历

上水

毛巾

脏水脸盆

调味品盒（盐、酱油、辣酱油、胡椒）

收容宫本显治的4舍的房，与此相同。不过便桶和水桶等与当时的不同。

坐式便桶（不是冲水式的，桶式的。）

在木板缝隙间有用纸做的监视孔

寝具

房内体操图

万便时用的屏风

独居房的格子与杂居房的不同，是完全看不到的一种机关，只是用来换气。

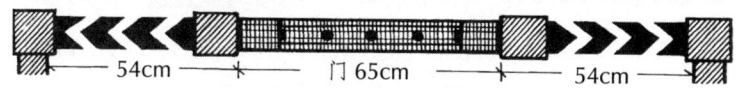

←— 54cm —→ 门 65cm ←— 54cm —→

样的格子。在调查集治监狱时代的资料时，查到有菱形的格子，但没有发现有◀◀形的格子。

引导我参观的看守所长地代所对我说："这格子有那么稀奇吗？我们每天都看哪！的确，独居房是为了与其他服刑者隔开来而建的。在这点上是下了工夫的，因为以前收容的都是政治犯和罪行重的犯人。"在这里，我请看守长帮忙，量了尺寸，打开画本画了下来。

这个建筑是七十多年前建的。在此前20年的1890年，也就是被称为集治监狱的时代，诞生了网走分监狱，1903年改为网走监狱，1909年因火灾烧毁，三年后的1912年重建，恢复旧貌，现在的建筑就是那时候留下来的。进入大正时代，废除了监狱这个名称，全国所有的监狱都改为刑务所。在1922年，网走监狱建筑物原样不动，只是名字改为网走刑务所。"只"下边点了点，是因为看独居房时，我的眼前像过电影，从集治监狱到监狱，再到刑务所，这些设施经历几个时代都没有改变，延续到今天。《监狱法》是1908年制定的，虽然经历过明治、大正、昭和三个时代，现在仍在原封不动地使用，一度也成为人们议论的话题。这两组画面叠印映出。回望1908年的时代背景，当时为开发北海道而作为人力资源投入的"囚犯"

已经是第二期结束，相当于日俄战争结束后的三年。在其前一年，日本大幅度地加强陆军，缔结了日韩新协约，干涉韩国内政，在国内外为强化日本帝国的国家权力而将一切资源集聚起来。

这部《监狱法》的制定，并非与以上这些毫无关系。据说看看《监狱法》，就可以了解那个国家的人权思想，因为"监狱中的人权"被人们看成是程度最低的人权。在1908年制定的古董式的《监狱法》中，没有一点人权的思想，这也是这部法被称为"现代日本之耻辱"的缘由。

要说《监狱法》哪个地方有问题，那就是"没有规定对服刑者人权的保证"。不论哪一条都无法发现"服刑者是人，而作为人的不可剥夺的尊严必须得到保证"的思想，更找不到"刑罚的目的是什么"的解释。很早以前是这样解释的："使犯罪者受到惩罚是其应付的代价。对干了坏事的人，还要承认他和别人有同样的人格，这简直是岂有此理。这样的人其所有的法律保护都应被剥夺，而且，被当作奴隶一样地对待。"这被认为是理所当然的。"通过苦役和施以惩罚，使其尝到重新犯罪的可怕之处也同样是一种刑罚"这一思想根深蒂固。事实上存在着一种名为"空刑"的完全无视人性的惩罚，即使其从事一种毫无意义的劳作，比如把石头从A处运到B处，再从B处运回A处的工作。

再如日本明治十九年采用了一种名为"罪石"的空刑。现在不论谁都会认为"那太过分了"！对当时行刑的做法，做决定的不仅是当权者，一般的市民也对此毫无质疑。歧视犯罪者，是因自己没有犯罪，自己可以置身狱外，明哲保身。《监狱法》就是在这种人权思想淡薄的情况下，继承了明治时代的糟粕而诞生的。

《监狱法》的主要目的，仅仅是为安全而且最容易进行监狱管理而制定的，只从管理一方追求合理性而已。服刑者被要求的，始终是做一个"守纪律的好服刑者"；对于违反纪律者、反抗者，则是刑具伺候，如用"镇魂衣"（装进一个帆布袋里，只露出头，身体不能动弹的刑具）、"防声具"（一种带把手的半圆形的东西，遮住上下颚，使其发不出声音来）、"金属手铐"或"皮手铐"等来制裁，或者从"减食"（罚以减少饭食）到"重屏禁"（不给寝具，蹲黑屋）等惩罚。

与服刑者生活相关的工作、卫生医疗、会面、通信等也都不是出自承认人性的角度，而是从管理角度出发。当问到"现在的刑务所，这些……"，回答则是："你让我说这些不大合适吧，即使以前曾那样用过刑，也不能成为现在引发对人权问题议论的理由。现在的行刑思想不是朝向那边的，我们也不是只靠《监狱法》来开展刑务行政的。实际上细则中的'累进待遇'和'服刑者分类规定'是现在运用规则中的核心。《监狱法》作为法的存在也是事实，但与当今时代不合拍的部分已经被废弃不用了，我们对待人权问题比社会上的其他人更加慎重。"

不论你去问谁,尽管回答在表达上略有差异,但其内容是相同的。"累进待遇"对于一般人来说是个陌生的词,但是在司法方面的人士来说是不离口的。用社会上的说法就是"模范囚犯待遇好"的意思,这是 1933 年制定的。从 19 世纪到 20 世纪初,国内开始了对"监狱的本质"的思考,开始重新研究旧的监狱制度,得出了"虽为服刑者,但也必须保证其得到有尊严的待遇""监狱应该是使服刑者回归社会的设施"的结论。在当时的世界趋势中,日本也有修改《监狱法》的呼声,可是,当局回避这个"法",制定出"行刑累进待遇令"来作为《监狱法》的补充,一直延续至今。

所谓的"累进待遇",即把服刑者的待遇分别设置阶段,从四级开始按顺序升级的"阶段待遇制度"。每个人的努力程度不同,晋级的速度则不同,这是建立在"人主观上都是希望变好的道理"之上的,据说效果不错。比如,升到一级的人期待假释,二级以上的人会给予"夜间独居"的特殊待遇(实际上只限于有独居房的情况);另外看电视的次数、发信的次数,越升级越多。(与此相当的制度外国也有。国家不同,其优待方法与日本无法加以比较。)在日本,由于采取了这个"行刑累进待遇令",弥补了《监狱法》的缺陷。司法方面的人士都这么说,看来也是事实。然而这个累进由职员来考察,其中潜藏着危险也是事实吧。刑务所方面说:"为了不使考察陷于偏见，会进行多方面研究，经过刑务官会议决定。"能做到排除主观性的查定吗？一个出所者说："我还算比较机灵的。有的人不知为什么总觉得让人讨厌，还是可怜巴巴地让人看不上。看守也是人！也有个合得来合不来的问题。"

"行刑累进待遇令"不仅决定"阶段升级制度"，而且涉及刑务所内所有具体的法令。仔细读一下，会发现其所赋予刑务所长的自决权非常大。根据所长的想法，也能创造出前无古人的先例。

在网走刑务所看了几个例子，山田所长说："不过，这些不是靠我一个人的力量就能实行的，只有得到与'住宿人'实际接触的在现场工作的刑务官的同意，而且大家都领会的情况下才能够实现。这个刑务所能这么做，换个刑务所，性质不同，不协调，也未必能做到……"

这里已经停止搜身。从工作点回到舍房，服刑者要脱光衣服，检查是否带有隐藏物，这对于管理者来说很轻松，但对于被搜身者则是一种侮辱。特别是天气又非常寒冷时。入浴时间，这里是 15 分钟，浴室里播放着卡拉 OK 的音乐。"入浴是'住宿者'放松的地方，另外也没有不许听音乐的规定"；"拆掉会面室的隔挡，弄个柜台，隔着柜台会面。也有人担心没有隔挡，不利于预防'住宿者'接受那些违反规定的物品。但是实施了，并没有发生那种情况。刑务员和住宿者如没有彼此信任，这就难以做到。现在又前进了一步，搞了个'被炉会面室'。会面一般一个月一次，亲属大老远地赶来，旅费也是负担，不能每个月都来。所以就有了例外，大阪来的妻子住进旅馆一周，每天都见面，一年的话全都说了，非常高兴。"

媒体非常感兴趣，蜂拥来采访。其中有的报道说"刑务所是天堂。卡拉OK加洗澡，外带被炉会面室"。看了这种报道我气就不打一处来，文章的意思是说"囚徒太奢侈了"。服刑者的待遇有所改变，报道一下无可非议，然而请不要忘了"束缚自由之刑"比想象得还要难受。《监狱法》以前被抛弃的理由之一就是因为没有形成庞大的舆论支持。现在，在每个人的心灵深处，大概还隐藏着"干了坏事的人就应该过非人的生活"的意识吧？人们心中是否还存在"有前科"这样的歧视意识呢？出于"我就不那样"的观点所产生的"性别歧视、职业歧视、学历歧视"等所有歧视，其根源是相同的。不只是《监狱法》的修订存在很多问题，实际上每一件事都与我们每一个人有关，这是我通过窥视学到的。

Simplified Chinese Copyright © 2016 by SDX Joint Publishing Company.
All Rights Reserved.

本作品中文简体版权由生活·读书·新知三联书店所有。
未经许可，不得翻印。

图书在版编目(CIP)数据

窥视日本 /（日）妹尾河童著；陶振孝译. -- 2
版. -- 北京：生活·读书·新知三联书店，2016.8
（妹尾河童作品）

ISBN 978-7-108-05628-3

Ⅰ.①窥… Ⅱ.①妹… ②陶… Ⅲ.①游记－日本
Ⅳ.①K931.39

中国版本图书馆CIP数据核字（2016）第020579号

责任编辑	樊燕华
装帧设计	朴 实 张 红
责任印制	崔华君
出版发行	生活·讀書·新知 三联书店
	北京市东城区美术馆东街22号
邮 编	100010
网 址	www.sdxjpc.com
经 销	新华书店
排版制作	北京红方众文科技咨询有限责任公司
印 刷	河北鹏润印刷有限公司
版 次	2005年10月北京第1版
	2016年8月北京第2版
	2016年8月北京第9次印刷
开 本	889毫米×1194毫米 1/32 印张 6.25
字 数	93千字 插图89幅
印 数	65,001—75,000册
定 价	30.00元

（印装查询：010—64002715；邮购查询：010—84010542）